현장에서 바로 쓰는

호텔 서비스 실무 중국어

김정희, 유선영, 남미향 저

시사중국어사

현장에서 바로 쓰는
호텔서비스 실무중국어

초판 발행	2018년 3월 10일
1판 3쇄	2022년 9월 20일
저자	김정희, 유선영, 남미향
편집	최미진, 가석빈, 엄수연, 高霞
펴낸이	엄태상
디자인	이건화
콘텐츠 제작	김선웅, 김현이, 유일환
마케팅본부	이승욱, 왕성석, 노원준, 조성민
경영기획	조성근, 최성훈, 정다운, 김다미, 최수진, 오희연
물류	정종진, 윤덕현, 신승진, 구윤주
펴낸곳	시사중국어사(시사북스)
주소	서울시 종로구 자하문로 300 시사빌딩
주문 및 문의	1588-1582
팩스	0502-989-9592
홈페이지	http://www.sisabooks.com
이메일	book_chinese@sisadream.com
등록일자	1988년 2월 12일
등록번호	제300-2014-89호

ISBN 979-11-5720-105-1 13720

* 이 책의 내용을 사전 허가 없이 전재하거나 복제할 경우 법적인 제재를 받게 됨을 알려 드립니다.
* 잘못된 책은 구입하신 서점에서 교환해 드립니다.
* 정가는 표지에 표시되어 있습니다.

머리말

오늘날 관광 산업은 유망한 미래 산업의 하나로, 국가 간의 활발한 인적·물적 교류의 증가에 따라 나날이 발전하고 있다. 또한 정부의 관광 서비스 산업 육성 정책과 한국 드라마와 영화, K-POP 및 한국음식 등에 관한 한류의 영향으로 한국 방문 외국 관광객 수가 꾸준한 증가 추세를 보이고 있다.

더욱이 2000년대 들어 중국 정부의 관광 대외 개방 정책과 해외여행 자유화로 한국을 방문하는 중국인이 매년 증가하였으며, 한국은 중국인에게 매력적인 관광지로 부상하였다. 2017년도에는 사드 관련 정치적 갈등으로 인하여 예년보다 방한 중국인 단체 관광객이 일시적으로 감소된 바 있으나, 최근 한중 관계의 전환으로 중국인의 한국 관광이 점차적으로 증가하고 있으며 정상화가 기대되고 있다.

따라서 우리는 국내외적인 관광 수요 증가와 한국의 관광 경쟁력 제고를 위해 여행사와 호텔·리조트 및 면세점 등의 확대는 물론 다양한 콘텐츠의 개발을 고민해야 하고, 무엇보다도 원활한 의사소통으로 최상의 서비스를 제공할 수 있는 관광 전문 인재 양성을 필요로 하고 있다.

국가에서는 더욱이 각 산업 현장에서 직무를 성공적으로 수행하기 위해 요구되는 지식·기술·태도 등의 내용을 국가직무능력표준(National Competency Standards)으로 체계화하여 보급하였다. 따라서 호텔 서비스 직업군에서는 국가직무능력표준 체계의 '12.이용·숙박·여행·오락·스포츠' 가운데 '숙박 서비스'와 '관광·레저 서비스' 등에 관련된 직업 기초 능력과 직무 수행 능력, 직무 외국어 구사 능력을 겸비한 인력을 요구하고 있다.

이에 본 교재는 호텔 서비스 직업에 종사하는 전문인이 중국인 고객을 응대하고, 그 역량을 펼쳐 나가기 위해 필요한 지식·태도 및 대인관계 능력을 갖추는 동시에 호텔 서비스 실무에 필요한 이론과 중국어를 학습할 수 있도록 기획·구성하였다. 본 교재는 각 과마다 〈미리 알아두기〉, 〈실무회화 ①②〉, 〈새 단어〉, 〈핵심 표현 활용〉, 〈연습문제〉, 〈실력 보태기〉 등으로 구성하였고, 특히 〈미리 알아두기〉를 통해 먼저 호텔 서비스 과정에서 필요한 직무능력을 학습할 수 있도록 하였다.

본 교재의 각 단원은 레스토랑, 커피숍, 객실, 컨시어지, 피트니스 센터, 카지노 등 다양한 실무 상황에 대한 실제 업무 내용으로 구성하고, 각 상황에 따라 단계별로 난이도를 조절하였으며, 호텔 근무자와 고객 간의 대화식 본문을 통해 실제 직무에서의 활용성을 높게 하였다. 또한 문법에 대한 이해와 이에 대한 핵심적인 표현의 활용 연습을 통해 좀 더 정확한 중국어의 구사와 HSK 고득점 취득에 도움이 되도록 하였으며, 다양한 형식의 연습 문제와 실력 보태기를 통해 회화는 물론 독해 실력까지 향상될 수 있도록 구성하였다.

본 교재를 구성하고 집필하는 과정에서 학습 효과를 최대화하기 위해 수차례의 수정과 교정을 반복했지만, 여전히 미흡한 부분이 있으리라 생각하나, 아무쪼록 본 교재가 호텔 및 관광 분야의 중국어 학습을 희망하는 학생들과 현장의 실무자들에게 실제적인 도움이 되길 바란다.

끝으로 강의와 연구로 바쁜 중에도 더 나은 교재 출간을 위해 수정과 교정을 반복한 공동 저자를 끝까지 믿고 지원해준 동시에 본 교재가 완성도 높게 출간될 수 있도록 도움을 주신 시사중국어사 관계자들께 진심으로 감사의 말씀을 전한다.

2018년 3월 저자 일동

차례

머리말 03
차례 04
이 책의 특징 06
NCS 능력단위 소개 08

第一课　　　餐厅服务 레스토랑 서비스 10
　　　　　　NCS 03. 부대시설 관리　2. 호텔 레스토랑 서비스

第二课　　　咖啡厅服务 커피숍 서비스 20
　　　　　　NCS 03. 부대시설 관리　2. 호텔 레스토랑 서비스 / 6. 식음료 고객 관리

第三课　　　酒店酒吧服务 호텔 바 서비스 30
　　　　　　NCS 03. 부대시설 관리　1. 식음료 업장 관리　1-3 예약 현황 파악하기

第四课　　　订房服务 객실 예약 서비스 40
　　　　　　NCS 02. 객실 관리　1. 객실 예약 접수

第五课　　　客房预订变更和取消 객실 예약 변경과 취소 50
　　　　　　NCS 02. 객실 관리　1. 객실 예약 접수

第六课　　　酒店礼宾服务 호텔 컨시어지 서비스 60
　　　　　　NCS 05. 접객 서비스　4. 컨시어지　1-1 호텔 상품과 서비스 정보의 제공

第七课　　　酒店商品销售 호텔 상품 판매 70
　　　　　　NCS 03. 부대시설 관리　4. 델리 숍 관리　2-3 상품의 추천 및 판매

第八课　　　休闲设施服务 레저 시설 서비스 80
　　　　　　NCS 03. 부대시설 관리　9. 피트니스 센터 회원 관리

第九课　客房安排 객실 배정 90
NCS 02. 객실 관리　1. 객실 예약 접수

第十课　前台入住登记 데스크 체크인 102
NCS 02. 객실 관리　2. 체크인

第十一课　入住顾客管理服务 재실고객 관리 서비스 114
NCS 02. 객실 관리　3. 재실고객 관리

第十二课　客房送餐服务 룸서비스 126
NCS 02. 객실 관리　3. 재실고객 관리

第十三课　娱乐场服务 카지노 서비스 138
NCS 02. 카지노 운영 관리　6. 카지노 고객 지원

第十四课　商务中心服务 비즈니스 센터 서비스 150
NCS 05. 접객 서비스　7. 비즈니스 센터　2-1 회의실 대여와 관리 안내

第十五课　退房服务 체크아웃 서비스 162
NCS 02. 객실 관리　6. 체크아웃

해석 및 연습문제 모범답안 174

이 책의 특징

≪현장에서 바로 쓰는 호텔 서비스 실무 중국어≫는 국가직무능력표준인 NCS - 12. 이용 · 숙박 · 여행 · 오락 · 스포츠 중 '숙박 서비스'와 '관광 · 레저 서비스' 과정과 연계하여 내용을 구성한 국내 유일의 호텔 실무 위주의 교재입니다. 본 교재는 레스토랑에서부터 상품 판매, 피트니스 센터, 비즈니스 센터 및 호텔에서 가장 중요한 객실 서비스, 그리고 마지막으로 고객 응대 상황까지 호텔에서 근무하면서 겪는 상황을 모두 담았습니다.

● **미리 알아두기**
NCS 과정에 맞추어 미리 실무 영역을 살펴보는 페이지입니다. 각 과의 주제에 맞는 능력단위를 확인해 보세요.

● **실무회화 ①, ②**
레스토랑에서부터 피트니스 센터 및 호텔 객실 서비스까지, 다양한 실무 상황에 대한 실제 업무 내용을 실었습니다. 반복 연습을 통해 입에서 자연스럽게 나오도록 익혀 보세요.

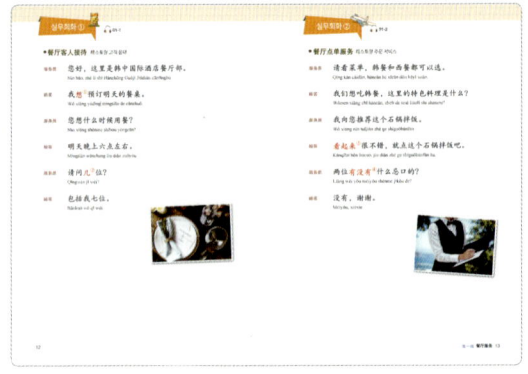

● **새 단어**
이번 과에서 배운 회화의 단어를 보여줍니다. 반복되는 단어까지 모두 실어 단어만 다시 학습하여도 좋습니다.

● 핵심 표현 활용
정확한 중국어 구사는 회화 능력뿐 아니라 HSK 대비에도 필수입니다. 핵심 설명과 활용 연습으로 어법 지식까지 쌓을 수 있습니다.

● 연습문제
회화에서 배운 내용을 다시 복습해볼 수 있습니다. 연습문제 1번은 자유대답형식이므로 자유롭게 연습해보세요. 연습문제 2번은 그림과 제시어를 이용하여 문장을 만들어보는 연습이므로 스스로 말하고자 하는 문장을 만들어 보세요.

● 실력 보태기
실무에 필요한 내용을 직접 중국어 문장으로 복습해봅니다. 회화는 물론 독해 실력까지 동시에 업그레이드할 수 있습니다.

● 해석 및 연습문제 정답
실무회화와 실력보태기 문장의 친절한 해석과 연습문제 2번 그림 보고 문장 만들기에 대한 모범정답을 실었습니다.

NCS 과정 소개

'NCS(국가직무능력표준)'는 산업현장에서 직무를 수행하기 위해 요구되는 지식·기술·태도 등의 내용을 체계화한 것이다. 직업인이 일을 할 수 있는 On-spec 능력, 직업인으로서 기본적으로 갖춰야 할 공통 능력 및 해당 직무를 수행하는 데 필요한 역량 등 전반적인 직무능력을 키워 직업인과 산업현장 고용인에게 보다 효율적이고 현실적인 대안을 마련하고자 실시되었다.

본 교재는 NCS 능력단위 중 호텔 종사자가 필수적으로 갖추어야 할 부분을 다음과 같이 우선 선별하여 해당 능력의 중국어 서비스를 제공할 수 있도록 하였다.

1. NCS > 12. 이용·숙박·여행·오락·스포츠 > 03. 관광·레저 > 02. 숙박 서비스 > 02. 객실 관리

중분류	소분류	세분류	능력단위 (+ 교재 해당 과)
01. 이·미용	01. 여행 서비스	01. 숙박 기획·개발	1. 객실 예약 접수 　4, 5, 9과
02. 결혼·장례	02. 숙박 서비스	02. 객실 관리　+	2. 체크인(Check In)　10과
03. 관광·레저	03. 컨벤션	03. 부대시설 관리	3. 재실고객 관리　11, 12과
04. 스포츠	04. 관광레저 서비스	04. 연회 관리	4. 객실 수납
		05. 접객 서비스	5. 객실 일일 마감
			6. 체크아웃(Check Out)　15과
			7. 객실 매출 관리
			8. 하우스키핑 정비
			9. 하우스키핑 관리
			10. 호텔 세탁물 관리

2. NCS > 12. 이용·숙박·여행·오락·스포츠 > 03. 관광·레저 > 02. 숙박 서비스 > 03. 부대시설 관리

중분류	소분류	세분류	능력단위 (+ 교재 해당 과)
01. 이·미용	01. 여행 서비스	01. 숙박 기획·개발	1. 식음료 업장 관리　3과
02. 결혼·장례	02. 숙박 서비스	02. 객실 관리	2. 호텔 레스토랑 서비스　1, 2과
03. 관광·레저	03. 컨벤션	03. 부대시설 관리　+	3. 호텔 음료 서비스
04. 스포츠	04. 관광레저 서비스	04. 연회 관리	4. 델리숍 관리　7과
		05. 접객 서비스	5. 식음료 직원 관리
			6. 식음료 고객 관리　2과
			7. 식음료 메뉴 기획　2과
			8. 부대업장 손익 관리
			9. 피트니스 센터 회원 관리　8과

3. NCS > 12. 이용 · 숙박 · 여행 · 오락 · 스포츠 > 03. 관광 · 레저 > 02. 숙박 서비스 > 05. 접객 서비스

중분류	소분류	세분류	능력단위 (+ 교재 해당 과)
01. 이 · 미용	01. 여행 서비스	01. 숙박 기획 · 개발	1. 발렛(valet)
02. 결혼 · 장례	02. 숙박 서비스	02. 객실 관리	2. 도어 데스크
03. 관광 · 레저	03. 컨벤션	03. 부대시설 관리	3. 벨 데스크
04. 스포츠	04. 관광레저 서비스	04. 연회 관리	4. 컨시어지(concierge) 6과
		05. 접객 서비스 +	5. GRO(Guest Relations Officer)
			6. 귀빈층 라운지(EFL)
			7. 비즈니스 센터 14과
			8. 고객 서비스 센터
			9. 당직

4. NCS > 12. 이용 · 숙박 · 여행 · 오락 · 스포츠 > 03. 관광 · 레저 > 04. 관광 · 레저 서비스 > 02. 카지노 운영 관리

중분류	소분류	세분류	능력단위 (+ 교재 해당 과)
01. 이 · 미용	01. 여행서비스	01. 카지노 기획 개발	1. 카지노 영업 관리
02. 결혼 · 장례	02. 숙박 서비스	02. 카지노 운영 관리 +	2. 테이블 게임 관리
03. 관광 · 레저	03. 컨벤션	03. 부대시설 관리	3. 머신 게임 관리
04. 스포츠	04. 관광레저 서비스	04. 연회관리	4. 카지노 현장 경리 관리
			5. 카지노 고객 지원 13과
			6. 카지노 영업 지원
			7. 서베일런스 운영
			8. 룰렛 기본 스킬
			9. 룰렛 게임 진행
			10. 블랙잭 기본 스킬
			11. 블랙잭 게임 진행
			12. 바카라 기본 스킬
			13. 바카라 게임 진행
			14. 실전 테이블 게임 진행

第一课

餐厅服务

레스토랑 서비스

> **학습목표**
> 1. 호텔의 전화 응대 지침서에 따라 고객의 예약 전화를 응대할 수 있다.
> 2. 고객의 기호나 요구 사항을 확인하고 고객의 요구에 맞는 주문을 받을 수 있다.

미리 알아두기

호텔 레스토랑 서비스란 기물을 준비하여 테이블 세팅을 하고, 고객의 예약을 응대하고, 방문 고객을 영접하고, 메뉴를 추천하여 주문을 받고, 주문한 음식을 제공한 후 테이블을 재정리하고, 고객을 환송하는 등 호텔의 레스토랑에서 고객 서비스 업무를 수행하는 능력이다.

NCS 03. 부대시설 관리 2. 호텔 레스토랑 서비스

1 전화에 의한 예약

NCS 03. 부대시설 관리
2. 호텔 레스토랑 서비스
2-1 고객 예약 응대

전화는 레스토랑의 상품과 서비스를 판매할 수 있는 의사 전달 매개체의 수단이다. 고객은 단지 음성만으로 상대를 평가, 판단하기 때문에 전화에 응대하는 서비스 종사원은 더욱 세심한 주의가 필요하다. 따라서 정확한 표현, 적극적인 태도로 고객의 질의에 신속하게 답변할 수 있도록 정성을 다해야 한다.

① 첫 번째 벨이 울릴 때 전화를 받아야 한다.
② 날짜, 요일, 시간, 인원 등을 물어서 테이블이나 장소 사용의 가능 여부를 확인한다.
③ 특이 사항이나 준비 사항 등에 대해 사전에 알려준다.
④ 다시 한 번 모든 것을 확인한 후, 연락처와 성함을 받고, "월, 일, 시, 분, 장소로 예약해놓겠습니다. 전화 주셔서 감사합니다."하고 마지막 인사를 한다.
⑤ 예약 취소는 최소한 하루 전에 하고, 취소 일자, 시간, 성명, 연락처를 명기한다.

2 식음료 업장의 메뉴 종류

NCS 03. 부대시설 관리
2. 호텔 레스토랑 서비스
4-1 메뉴의 설명과 추천

메뉴의 종류는 메뉴의 변화의 정도, 내용, 시간, 장소에 따라 구분된다.

메뉴의 변화의 정도를 기본으로 할 경우에는 고정 메뉴와 순환 메뉴로 나누어진다. 고정 메뉴의 경우는 일정한 기간 동안 품목이 바뀌지 않고 메뉴가 고정되어 있고, 순환 메뉴는 계절에 맞추어 메뉴에 변화를 주어 신선함을 제공하고 메뉴 조정이 가능하다.

식사 내용에 따른 메뉴는 음식의 종류와 순서, 가격 등이 일정하게 고정되어 있는 정식 요리 메뉴(Table d'hote Menu), 품목별로 요리가 나열되어 있고 각각 다른 가격이 정해져 있어 원하는 품목만을 고객이 선택하는 일품 요리 메뉴(A la carte), 정식 요리와 일품 요리 메뉴를 혼합한 콤비네이션 메뉴(Combination Menu)로 구분한다.

식사가 제공되는 시간에 따라서는 조식, 브런치(Brunch), 점심, 저녁 메뉴로 구분한다.

그리고 제공되는 품목에 의해서는 양식 메뉴, 동양식 메뉴, 룸서비스 메뉴, 연회용 메뉴, 바 메뉴 등으로 구분하고, 다시 이를 세분한다. 이를테면 양식은 프랑스식, 이태리식 등으로 구분하고, 동양식 메뉴는 한식, 중식, 일식 메뉴 등으로 구분한다.

실무회화 ① 🎧 01-1

• **餐厅客人接待** 레스토랑 고객 응대

服务员 您好，这里是韩中国际酒店餐饮部。
Nín hǎo, zhè li shì Hánzhōng Guójì Jiǔdiàn cānyǐnbù.

顾客 我想①预订明天的餐桌。
Wǒ xiǎng yùdìng míngtiān de cānzhuō.

服务员 您想①什么时候用餐?
Nín xiǎng shénme shíhou yòngcān?

顾客 明天晚上六点左右。
Míngtiān wǎnshang liù diǎn zuǒyòu.

服务员 请问几②位?
Qǐngwèn jǐ wèi?

顾客 包括我七位。
Bāokuò wǒ qī wèi.

실무회화 ②

● **餐厅点单服务** 레스토랑 주문 서비스

服务员 请看菜单，韩餐和西餐都可以选。
Qǐng kàn càidān, háncān hé xīcān dōu kěyǐ xuǎn.

顾客 我们想①吃韩餐，这里的特色料理是什么？
Wǒmen xiǎng chī háncān, zhè li de tèsè liàolǐ shì shénme?

服务员 我向您推荐这个石锅拌饭。
Wǒ xiàng nín tuījiàn zhè ge shíguōbànfàn.

顾客 看起来③很不错，就点这个石锅拌饭吧。
Kànqǐlái hěn búcuò, jiù diǎn zhè ge shíguōbànfàn ba.

服务员 两位有没有④什么忌口的？
Liǎng wèi yǒu méiyǒu shénme jìkǒu de?

顾客 没有，谢谢。
Méiyǒu, xièxie.

새 단어

실무회화 ① 🎧 01-3

- 餐厅 cāntīng 　명 식당
- 服务 fúwù 　명 동 근무(하다). 서비스(하다)
- 客人 kèrén 　명 손님. 방문객
- 接待 jiēdài 　명 동 접대(하다). 영접(하다)
- 这里 zhè li 　대 이곳. 여기
- 酒店 jiǔdiàn 　명 호텔
- 餐饮部 cānyǐnbù 　명 레스토랑. F&B 부서
- 预订 yùdìng 　명 동 예약(하다)
- 餐桌 cānzhuō 　명 식탁
- 什么 shénme 　대 무엇. 무슨. 어떤
- 用餐 yòngcān 　동 식사하다. 밥을 먹다
- 点 diǎn 　명 (규정된) 시간. 시
- 左右 zuǒyòu 　명 좌우. 안팎. 쯤
- 请问 qǐngwèn 　동 말씀 좀 여쭙겠습니다
- 位 wèi 　양 분. 명 [사람을 세는 양사로 공경의 뜻이 있음]
- 包括 bāokuò 　동 포함하다. 포괄하다

실무회화 ② 🎧 01-4

- 点单 diǎndān 　명 동 주문(하다)
- 菜单 càidān 　명 메뉴. 식단. 차림표
- 韩餐 háncān 　명 한식. 한국요리
- 西餐 xīcān 　명 양식. 서양요리
- 都 dōu 　부 모두. 다. 전부
- 选 xuǎn 　동 고르다. 선택하다
- 特色 tèsè 　명 특색. 특징
- 料理 liàolǐ 　명 요리
- 向 xiàng 　개 ~에게. ~을 향해
- 推荐 tuījiàn 　동 추천하다. 소개하다
- 石锅拌饭 shíguōbànfàn 　명 돌솥비빔밥
- 看起来 kànqǐlái 　형 보기에 ~하다. 보아하니 ~하다
- 不错 búcuò 　형 좋다. 괜찮다
- 忌口 jìkǒu 　동 (병이나 다른 원인으로) 음식을 가리다
- 没有 méiyǒu 　동 없다. 가지고 있지 않다
- 谢谢 xièxie 　동 감사합니다. 고맙습니다

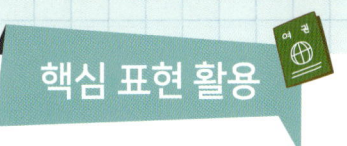

핵심 표현 활용

01 我想预订明天的餐桌。

'想'은 동사 앞에서 '~하고 싶다'라는 희망을 나타내는 조동사이다. '~하고자 한다'라는 의지 표현의 '要'와 비슷한 의미로, 부정은 모두 '不想'이다. 한편, '要'는 '~해야만 한다'라는 당위성을 나타내기도 하는데, 이 경우는 '不用', '不必'로 부정한다.

- 我要订今晚的一个包间，可以吗? 오늘 밤에 룸 하나 예약하려고 하는데, 가능한가요?
- 您不用订，直接来就可以了。 예약하실 필요 없어요. 직접 오시면 됩니다.

> **활용** 다음 중에서 적당한 어휘를 골라 문장을 완성하세요.
>
> | 보기 | 不必 要 不想 |
>
> ① 我不想吃鸡肉，所以我（　　　）吃牛肉。
> ② 里面有座位，（　　　）在这儿等。

02 请问几位？

'几'는 '몇'의 의미로 일반적으로 10 이하의 수를 물을 때 사용하는 의문대명사이다. '几' 뒤에는 반드시 양사가 있어야 하는데, 같은 의미인 '多少'는 이러한 형식·의미상의 제한이 없다.

- 您要点几份参鸡汤？ 삼계탕 몇 인분 주문하시려고요?
- 我帮您订吧。电话号码是多少？ 예약을 도와드릴게요. 전화번호가 몇 번이죠?

> **활용** '几'와 '多少' 중 적당한 것을 골라 자연스러운 문장을 완성하세요.
>
> ① 参加晚会的人一共有（　　　）人?
> ② 你的书包里有（　　　）本书?

단어 不用 búyòng ~할 필요 없다(= 不必 búbì) | 包间 bāojiān 명 룸 | 直接 zhíjiē 부 직접적인 | 鸡肉 jīròu 명 닭고기 | 牛肉 niúròu 명 소고기 | 座位 zuòwèi 명 자리 | 份 fèn 양 벌. 세트 | 参鸡汤 shēnjītāng 명 삼계탕 | 号码 hàomǎ 명 번호 | 参加 cānjiā 동 참가하다 | 晚会 wǎnhuì 명 이브닝파티 | 书包 shūbāo 명 책가방

활용 정답 1.① 要 ② 不必 2.① 多少 ② 几

第一课 餐厅服务 15

03 看起来很不错，就点这个石锅拌饭吧。

'看起来'는 '보아하니, 보기에는 ~하다'의 의미로 사람이나 사물을 겉에서 보고 추측하여 판단할 때 사용하는 표현이다.

- 这个看起来很辣，我不敢吃。 이게 매워 보여서 전 먹을 엄두가 안 나네요.
- 看起来已经关门了。怎么一个人也没有？ 이미 문을 닫은 것 같은데요. 어째서 한 사람도 없죠?

활용 다음 중 적당한 표현을 골라 그림의 상황을 말해 보세요.

보기　　生气，是中国人

① 看起来她 _____ 。　　② 现在他看起来很 _____ 。

단어 辣 là [형] 맵다 | 不敢 bùgǎn 감히 ~못 하다 | 已经 yǐjīng [부] 이미 | 关门 guānmén [동] 문을 닫다 | 生气 shēngqì [동] 화 나다

활용 정답 3.① 是中国人　② 生气

핵심 표현 활용

04 两位有没有什么忌口的?

이 문장은 동사나 형용사 서술어의 긍정과 부정을 병렬하여 질문하는 '정반의문문'이다. 의문문에는 이 밖에, 진술문 끝에 '吗'를 붙여 질문하는 '일반의문문'과 의문대명사를 사용하여 묻는 '의문사의문문', 'A还是B?'의 형식으로 선택을 묻는 '선택의문문' 등이 있다. 일반의문문을 제외하고는 모두 문장 끝에 '吗'를 쓰지 않는다.

- 你们去不去意大利餐厅? 너희 이탈리아 레스토랑에 가니, 안 가니?
- 茶水也收费吗? 차도 돈을 받나요?
- 这里的拿手菜是什么? 여기에서 가장 잘 하는 요리가 뭐죠?
- 您在这儿用餐，还是打包? 여기서 드실 건가요, 아니면 포장하실 건가요?

활용 다음의 문장 표현이 올바른지 말해 보세요.

① 您想吃牛排还是猪排吗? （○, ×）
② 您要点米饭吗? （○, ×）
③ 这个菜怎么做? （○, ×）
④ 那个辣没辣? （○, ×）

단어 意大利 Yìdàlì [고유] 이탈리아 | 茶水 cháshuǐ [명] 찻물 | 收费 shōufèi [동] 비용을 받다 | 拿手菜 náshǒucài [명] 가장 자신 있는 요리 | 打包 dǎbāo [동] 포장하다 | 牛排 niúpái [명] 소갈비 | 猪排 zhūpái [명] 돼지갈비 | 米饭 mǐfàn [명] 쌀밥

활용 정답 4.① × ② ○ ③ ○ ④ ×

第一课 餐厅服务

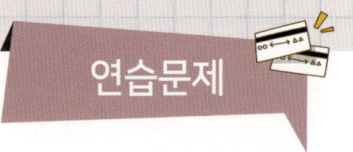

연습문제

01 아래 빈칸에 들어갈 알맞은 표현을 넣어 대화를 완성해 보세요.

顾客	我想预订一个_____。
服务员	您想什么时候_____?
顾客	_____点左右。
服务员	请问_____?
顾客	_____我两位。我们想吃韩餐，这里的_____是什么?
服务员	我向您_____这个石锅拌饭。你们有没有什么_____的?
顾客	没有，谢谢。

02 다음 보기를 참조하여 그림과 알맞은 상황을 중국어로 표현해 보세요.

① 보기 韩中国际酒店

② 보기 预订 / 今天晚上

③ 보기 请看

④ 보기 韩餐和西餐

실력 보태기

🎵 01-5

🎵 회화로 배운 내용을 서술문으로 익혀본 후 확인문제를 풀어보세요.

　　餐厅服务时要准确了解客人的需求，要帮助客人选择菜单，推荐菜单。推荐时要根据客人用餐人数、时间、餐厅种类、口味、用餐地点、消费档次来进行。如果客人通过电话预订餐桌，要准确记录订餐的时间、人数、包房以及大厅等事项。

> **Check!**
> 위의 서술문과 다음 문장의 내용이 일치하면 O, 일치하지 않으면 X 표시를 하시오.
>
> ① 餐厅服务时不用了解客人的需求。　　　　　　　　　　（　　）
> ② 服务员要帮助客人选择菜单。　　　　　　　　　　　　（　　）
> ③ 电话预订时只需要记录订餐的时间和人数。　　　　　　（　　）

단어

□ 准确 zhǔnquè 형 확실하다. 정확하다	□ 消费 xiāofèi 동 소비하다
□ 了解 liǎojiě 동 자세하게 알다. 이해하다	□ 档次 dàngcì 명 (품질 등의) 등급. 차등
□ 需求 xūqiú 명 수요. 필요	□ 进行 jìnxíng 동 진행하다
□ 帮助 bāngzhù 동 돕다. 보좌하다	□ 如果 rúguǒ 접 만약. 만일
□ 选择 xuǎnzé 명·동 선택(하다)	□ 记录 jìlù 명·동 기록(하다)
□ 根据 gēnjù 개 ~에 의거하여	□ 订餐 dìngcān 음식을 주문하다
□ 种类 zhǒnglèi 명 종류	□ 包房 bāofáng 명 (레스토랑에서의) 룸
□ 口味 kǒuwèi 명 입맛. 기호. (지방 특유의) 맛	□ 大厅 dàtīng 명 홀. 로비
□ 地点 dìdiǎn 명 지점. 장소. 위치	□ 事项 shìxiàng 명 사항

Check! 정답 ① X ② O ③ X

第一课 餐厅服务

第二课

咖啡厅服务

커피숍 서비스

학습목표
1. 고객의 요구 및 호텔의 상황에 따라 고객에게 자리를 안내할 수 있다.
2. 고객의 기호 및 요구에 따라 음료를 추천하고 주문을 받을 수 있다.

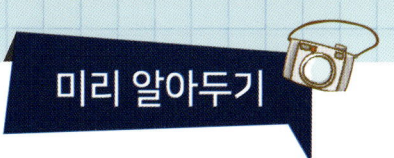
미리 알아두기

호텔 식음료 업장에서는 생산과 소비가 거의 동시에 이루어진다. 또한 객실과는 달리 식음료 조리에 필요한 많은 기물류를 보관할 공간이 필요하고, 식자재에 대한 재고 발생 우려 및 보관의 어려움을 가지고 있다. 그러나 업장이 사전 예약을 통해서 예약 고객에 대한 사전 준비를 할 수 있으므로 양질의 서비스를 제공할 수 있고, 또 고객의 경우 시간 계획에 차질 없이 즐길 수 있는 여유를 얻게 된다. NCS 03. 부대시설 관리 2. 호텔 레스토랑 서비스 / 6. 식음료 고객 관리

1 고객 영접 및 안내
NCS 03. 부대시설 관리
2. 호텔 레스토랑 서비스
3-1 고객 영업 및 안내

(1) 고객 영접 서비스

① 고객 영접은 지배인과 리셉셔니스트(Receptionist) 등 모든 직원이 담당하며 특히 전담 영접 담당은 항상 식당 입구에서 단정한 자세로 대기하고 있어야 한다.
② 모든 레스토랑의 종사원은 고객과 시선을 맞추고 표준어를 사용하여 미소 띤 얼굴로 내·외부 고객을 따뜻하게 맞이하도록 한다.
③ 전화 중에 고객이 업장에 도착하면 고객과의 전화를 홀드(Hold)하고 고객에게 양해를 구해야 한다.
④ 리셉셔니스트(Receptionist)는 기다리는 손님이 줄을 섰을 경우 지정된 테이블까지 안내하지 않고 중간에 테이블 담당자에게 손님을 인도하고 다음 손님을 서비스해야 한다.

(2) 테이블 좌석 배치

① 예약 고객의 경우 사전에 예약 사항을 숙지하여 영접 시 성함을 확인하고 예약 테이블로 안내한다.
② 예약 고객이 아닌 경우 먼저 인원수를 확인한 후, 고객이 원하는 테이블의 가능성 여부를 확인하여 만족할 수 있는 자리로 안내한다.
③ 고객을 테이블로 안내한다. 이때 적절한 대화를 하면서 테이블까지 안내한다. 안내 시 고객의 오른쪽 앞에서 고객의 걷는 속도에 보조를 맞추면서 바른 자세로 걷는다.

2 음료의 추천과 주문
NCS 03. 부대시설 관리
6. 식음료 고객 관리

식음료 서비스 상품 이용 고객의 기호는 호텔 내 다른 서비스 상품과는 달리 다양하고 복잡한 형태로 이해해야 한다. 식음료 서비스 상품 자체가 가지는 특성인 무형성, 이질성, 소멸성, 동시성, 양존성에 근거하기 때문에 고객의 기호는 식음료 서비스 상품의 특성과 고객이 갖고 있는 개인적인 특성, 즉 다양하고 복잡한 개개인의 욕구와 연계된 특이성이 함께 고려된다는 점을 인지해야 한다. 또 고객이 무엇을 필요로 해서 이용하는지에 대한 부문부터 고려해서 이용 전, 이용 시, 이용 후까지 다양하고 복합한 식음료 서비스 상품을 이용하는 고객의 기호라는 점을 이해해야 한다.

실무회화 ① 🎧 02-1

● **咖啡厅客人接待** 커피숍 고객 응대

服务员 欢迎光临！你们几位？
Huānyíng guānglín! Nǐmen jǐ wèi?

顾客 就我们两个①人。
Jiù wǒmen liǎng ge rén.

服务员 这边请。
Zhèbiān qǐng.

顾客 有没有安静一点儿②的位置？
Yǒu méiyǒu ānjìng yìdiǎnr de wèizhi?

服务员 柜台后边比较安静，但是灯光有点儿②暗，可以吗？
Guìtái hòubiān bǐjiào ānjìng, dànshì dēngguāng yǒudiǎnr àn, kěyǐ ma?

顾客 没关系。
Méi guānxi.

실무회화 ② 02-2

● **咖啡厅点单服务** 커피숍 주문 서비스

服务员 请问两位要喝点儿②什么？
Qǐngwèn liǎng wèi yào hē diǎnr shénme?

顾客1 你们这里什么果汁好喝？
Nǐmen zhè li shénme guǒzhī hǎohē?

服务员 草莓汁和葡萄汁都不错。
Cǎoméizhī hé pútáozhī dōu búcuò.

顾客1 那就来杯葡萄汁吧③。
Nà jiù lái bēi pútáozhī ba.

顾客2 给④我一杯热的美式咖啡和一块巧克力蛋糕，
Gěi wǒ yì bēi rè de měishìkāfēi hé yí kuài qiǎokèlì dàngāo,

谢谢。
xièxie.

服务员 好的，两位请稍等。
Hǎo de, liǎng wèi qǐng shāo děng.

새 단어

실무회화 ① 02-3

- 咖啡厅 kāfēitīng 〈명〉 커피숍. 카페(cafe)
- 欢迎光临 huānyíng guānglín 어서오세요
- 这边 zhèbiān 〈대〉 이곳. 여기. 이쪽
- 安静 ānjìng 〈형〉 조용하다. 고요하다
- 一点儿 yìdiǎnr 〈양〉 약간. 조금 [구어에서는 대체로 一를 생략함]
- 位置 wèizhi 〈명〉 위치
- 柜台 guìtái 〈명〉 계산대. 카운터
- 后边 hòubiān 〈명〉 뒤. 뒤쪽. 뒷면
- 比较 bǐjiào 〈부〉 비교적. 상대적으로 〈동〉 비교하다
- 但是 dànshì 〈접〉 그러나. 그렇지만
- 灯光 dēngguāng 〈명〉 불빛. 조명
- 有点儿 yǒudiǎnr 〈부〉 조금. 약간
- 暗 àn 〈형〉 어둡다
- 没关系 méi guānxi 괜찮다. 상관없다

실무회화 ② 02-4

- 喝 hē 〈동〉 마시다
- 果汁 guǒzhī 〈명〉 과일주스
- 好喝 hǎohē (음료수 등이) 맛있다
- 草莓汁 cǎoméizhī 〈명〉 딸기주스
- 葡萄汁 pútáozhī 〈명〉 포도주스
- 不错 búcuò 〈형〉 좋다. 괜찮다
- 来 lái 〈동〉 가져오다
- 杯 bēi 〈양〉 잔. 컵
- 热 rè 〈형〉 덥다. 뜨겁다
- 美式咖啡 měishìkāfēi 〈명〉 아메리카노
- 块 kuài 〈양〉 조각. 덩이 [조각이나 덩이로 된 물건을 세는 단위]
- 巧克力 qiǎokèlì 〈명〉 초콜릿(chocolate)
- 蛋糕 dàngāo 〈명〉 케이크
- 请稍等 qǐng shāo děng 잠깐만 기다려주세요

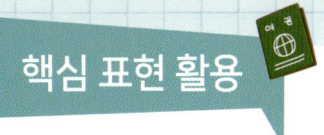

핵심 표현 활용

01 就我们两个人。

'个'는 '개, 명' 등의 의미로 사물이나 사람을 세는 양사이다. 중국어에서는 수사가 직접 명사를 수식할 수 없고, 이와 같이 '수사 + 양사 + 명사'의 형식으로 표현한다. 명사마다 고유의 양사가 있고, '个'는 두루 통용되는 양사이다. 한편, 수사 '二'은 양사 앞에서는 '两'으로 사용한다.

- 我点了两杯茶。 차 두 잔을 주문했어요.
- 我要一个三明治。 샌드위치 하나 주세요.

● 주요 양사와 결합 명사

양사	의미	명사
本 běn	권 [서적을 셀 때]	一本书 yì běn shū 책 한 권 一本词典 yì běn cídiǎn 사전 한 권
杯 bēi	잔 [잔에 담긴 것을 셀 때]	一杯牛奶 yì bēi niúnǎi 우유 한 잔 一杯咖啡 yì bēi kāfēi 커피 한 잔
瓶 píng	병 [병에 담긴 것을 셀 때]	一瓶啤酒 yì píng píjiǔ 맥주 한 병 一瓶可乐 yì píng kělè 콜라 한 병
口 kǒu	명 [가족을 셀 때]	四口人 sì kǒu rén 가족 네 명
件 jiàn	벌 [옷을 셀 때] / 건 [일을 셀 때]	一件衣服 yí jiàn yīfu 옷 한 벌 一件事 yí jiàn shì 사건 한 건
支 zhī	자루 [가늘고 긴 것 또는 작은 것을 셀 때]	一支铅笔 yì zhī qiānbǐ 연필 한 자루 一支钢笔 yì zhī gāngbǐ 볼펜 한 자루
双 shuāng	쌍 [쌍을 이루는 물건을 셀 때]	一双鞋 yì shuāng xié 신발 한 쌍 一双手套 yì shuāng shǒutào 장갑 한 쌍
张 zhāng	넓고 평평한 물건을 셀 때	一张票 yì zhāng piào 표 한 장 一张床 yì zhāng chuáng 침대 한 개
斤 jīn	무게, 근	一斤水果 yì jīn shuǐguǒ 과일 한 근 一斤糖 yì jīn táng 설탕 한 근
把 bǎ	개 [손잡이가 있는 물건을 셀 때]	一把椅子 yì bǎ yǐzi 의자 한 개 一把雨伞 yì bǎ yǔsǎn 우산 한 개

단어 三明治 sānmíngzhì 명 샌드위치

활용 적당한 수사와 양사를 사용하여 그림을 표현하세요.

① _____ 学生　② _____ 啤酒　③ _____ 杂志

02
① 有没有安静一点儿的位置？
② ……，但是灯光有点儿暗。
③ 两位要喝点儿什么？

'一点儿'은 '좀, 약간'의 의미로 ①처럼 형용사 뒤에 위치하여 '정도가 약함'을, ③처럼 명사 앞에 서는 '수량이 적음'을 나타내며, 구어에서는 대체로 '一'를 생략한다. 반면, ②의 '有点儿'은 같은 의미이나 형용사 앞에 쓰이고, 주로 부정적인 의미를 나타낸다.

- 这个饮料比那个甜一点儿。 이 음료는 저것보다 좀 달아요.
- 这杯咖啡有点儿浓。 이 커피 좀 진한데요.
- 妈妈喝了一点儿红茶。 엄마는 홍차를 좀 드셨어요.

활용 '一点儿'과 '有点儿' 중 적당한 것을 골라 문장을 완성하세요.
① 嗓子疼的时候，你要多喝（　　　）水。
② 这家咖啡厅（　　　）贵，我们去另外一家吧。
③ 请慢（　　　）说。

단어 啤酒 píjiǔ 몡 맥주 | 杂志 zázhì 몡 잡지 | 饮料 yǐnliào 몡 음료 | 甜 tián 혱 달다 | 浓 nóng 혱 진하다 | 嗓子 sǎngzi 몡 목 | 疼 téng 혱 아프다 | 另外 lìngwài 븝 그밖에 | 星巴克 Xīngbākè 고유 스타벅스 | 凉 liáng 혱 식다 | 拿铁 nátiě 몡 라테 | 吸烟区 xīyānqū 몡 흡연구역 | 开水 kāishuǐ 몡 끓인 물 | 发票 fāpiào 몡 영수증

활용 정답 1.① 三个(名)　② 两瓶　③ 一本　2.① 一点儿　② 有点儿　③ 一点儿

03 那就来杯葡萄汁吧。

'吧'는 청구나 명령, 혹은 추측의 의미를 나타내는 어기조사이다. '어기조사'는 문장 끝에 사용되어 문장의 각종 어투, 화자의 감정 등을 나타낸다. 대표적으로 변화를 나타내는 '了', 의문을 나타내는 '吗', '呢' 등이 있다.

- 这么小的城市里没有星巴克吧？ 이렇게 작은 도시 안에는 스타벅스가 없겠지?
- 咖啡已经凉了，你快点喝！ 커피가 이미 식었으니 빨리 드세요!
- 有拿铁咖啡吗？ 라테 커피 있나요?

활용 다음 보기 중에서 적합한 어기조사를 선택하여 문장을 완성하세요.

보기　　　了，吧，吗，呢

① 现在吸烟区没座（　　　），您稍等一下。
② 有热开水（　　　）？　　　③ 给我发票（　　　）。

04 给我一杯热的美式咖啡和一块巧克力蛋糕。

동사 '给'는 두 개의 목적어, 즉 간접목적어와 직접목적어를 가질 수 있다. '告诉', '问', '教', '转告' 등도 마찬가지인데, 예문처럼 별도의 전치사 없이 목적어를 취한다.

- 请告诉我这里的电话号码。 제게 여기 전화번호 좀 알려주세요.
- 你问她想喝什么饮料。 그녀에게 어떤 음료를 마실 건지 물어보세요.

활용 제시된 단어를 배열하여 올바른 중국어 문장을 만드세요.

① 给，我，一件礼物，想，你　　내가 너한테 선물을 하나 주고 싶어.
→

② 教，王老师，我们，汉语　　왕선생님께서 우리에게 중국어를 가르치십니다.
→

단어 告诉 gàosu 동 말하다 ｜ 教 jiāo 동 가르치다 ｜ 转告 zhuǎngào 동 전달하다

활용 정답 3. ① 了　② 吗　③ 吧　4. ① 我想给你一件礼物。　② 王老师教我们汉语。

연습문제

01 아래 빈칸에 들어갈 알맞은 표현을 넣어 대화를 완성해 보세요.

> 服务员　_____！你们几位?
>
> 顾客　　就我们两个人。有没有安静_____的位置?
>
> 服务员　这边请。
>
> 顾客1　你们这里什么果汁_____?
>
> 服务员　草莓汁和葡萄汁都_____。
>
> 顾客1　那就来杯葡萄汁吧。
>
> 顾客2　请给我一杯_____和一块_____。
>
> 服务员　好的，两位请_____。

02 다음 보기를 참조하여 그림과 알맞은 상황을 중국어로 표현해 보세요.

① 보기　欢迎

② 보기　请

③ 보기　要喝

④ 보기　葡萄汁

실력 보태기

🎵 02-5

회화로 배운 내용을 서술문으로 익혀본 후 확인문제를 풀어보세요.

给客人安排座位时，一般情况下，从客人进入咖啡厅开始就留心观察他们，根据不同的人、不同的情况安排座位。服务员还要根据客人的意见，让客人挑选他们喜欢的座位。给喝热茶的客人及时添加热水，提供冷饮服务时需要问顾客是否还要加冰块。

> **Check!**
> 위의 서술문과 다음 문장의 내용이 일치하면 O, 일치하지 않으면 X 표시를 하시오.
>
> ① 服务员一定要自己做决定，随便给客人安排座位。　　　　(　)
> ② 服务员要根据咖啡厅的情况给客人安排座位。　　　　　　(　)
> ③ 要及时给喝热茶的客人添加热水。　　　　　　　　　　　(　)

단어

□ 安排 ānpái	동 (인원·시간 등을) 안배하다. 준비하다
□ 座位 zuòwèi	명 좌석
□ 一般 yìbān	형 일반적이다. 평범하다
□ 情况 qíngkuàng	명 상황. 정황. 형편
□ 进入 jìnrù	동 (어떤 상태·어떤 범위에) 들다. 진입하다
□ 开始 kāishǐ	동 시작되다. 개시하다
□ 留心 liúxīn	동 주의를 기울이다. 관심을 갖다
□ 观察 guānchá	동 (사물·현상을) 관찰하다. 살피다
□ 根据 gēnjù	개 ~에 의거하여
□ 不同 bùtóng	형 같지 않다. 다르다
□ 意见 yìjiàn	명 견해. 의견
□ 让 ràng	동 ~하게 하다. ~하도록 시키다
□ 挑选 tiāoxuǎn	동 고르다. 선발하다. 선택하다
□ 喜欢 xǐhuan	동 좋아하다
□ 及时 jíshí	부 즉시. 곧바로. 신속히
□ 添加 tiānjiā	동 보태다. 첨가하다
□ 提供 tígōng	동 제공하다. 공급하다
□ 冷饮 lěngyǐn	명 청량음료. 찬 음료
□ 是否 shìfǒu	부 ~인지 아닌지
□ 冰块 bīngkuài	명 아이스. 얼음덩이
□ 决定 juédìng	동 결정하다
□ 随便 suíbiàn	부 마음대로. 좋을 대로

Check! 정답 ① X ② X ③ O

第三课

酒店酒吧服务

호텔 바 서비스

학습목표
1. 고객에게 호텔 바 예약 여부를 확인한 후, 안내를 할 수 있다.
2. 호텔 바 메뉴에 따라 고객의 기호 및 요구를 확인한 후 주문을 받을 수 있다.

미리 알아두기

교통, 통신 및 정보의 발달로 점점 복잡해지는 현대사회에서 정확한 시간 계획에 의하여 행동하는 현대인에게 예약의 의미는 모든 면에서 상당한 몫을 차지한다고 할 수 있다. 그중에서도 고객을 접대하거나 사업상 또는 인간관계를 나눔에 있어서 생활의 커다란 한 부분을 차지한다고 할 수 있는 식음료 시설 이용에 있어서 예약의 의미는 더욱 중요하다고 할 수 있다. 좌석을 사전에 예약함으로써 고객은 시간, 계획 등을 차질 없이 즐길 수 있는 여유를 가지며, 서비스 담당자는 예약 고객에 대한 사전 준비를 철저히 함으로써 최상의 서비스를 제공할 수 있다.

> NCS 03. 부대시설 관리   1. 식음료 업장 관리   1-3 예약 현황 파악하기

1 예약

> NCS 03. 부대시설 관리
> 1. 식음료 업장 관리
> 1-3 예약 현황 파악하기

예약 담당자는 현재의 예약 상황에 대하여 잘 파악하고 있어야 하며, 고객으로부터 예약 이행 여부에 관한 최종 점검 및 확인 업무를 철저하게 수행하여 예약의 취소를 최소화하거나 노쇼(No-show) 고객 발생을 최소화하여 좌석 회전율을 극대화해야 한다.

2 예약 장부

> NCS 03. 부대시설 관리
> 1. 식음료 업장 관리
> 1-3 예약 현황 파악하기

예약 장부란 예약자와 구두로 약속한 예약 사항을 기록한 장부 형식의 문서로서, 고객의 방문 예약 등을 기록하는 데 사용된다. 예약 장부는 예약을 받은 사람뿐만 아니라 모든 직원이 예약 장부를 보면 알 수 있게 적어 놓아야 한다. 예약 장부를 보고 고객의 요구에 맞게 세팅되어 있는지 확인해야 한다.

(1) 예약 장부의 구성

① 예약자 성함
② 예약 인원 (어른과 아이를 구분하여 적어 놓음)
③ 예약 시간과 연락처
④ 예약 받은 사람과 예약 받은 날짜
⑤ 고객이 원하는 테이블 레이아웃(Layout)
⑥ 고객과 대화한 서비스에 대한 내용 (ex: 케이크, 샴페인 등)
⑦ 고객이 주문한 음식 메뉴
⑧ 추가 요청 사항

(2) 예약 장부 기록 시 주의 사항

① 예약에 필요한 사항을 표로 만들어 일목요연하게 기록해야 한다.
② 예약 대상자가 약속한 예약 시간을 빠뜨리지 않고 기재해야 한다.
③ 예약별로 알맞은 서비스를 제공하기 위해서 예약 장부를 확인하여 고객의 예약 상황뿐만 아니라 고객의 요청 및 주문 사항까지 기재해야 한다.

실무회화 ① 🎧 03-1

● **酒吧客人接待** 바에서의 고객 응대

服务员 晚上好！请问，你们预订了①吗？
Wǎnshang hǎo! Qǐngwèn, nǐmen yùdìng le ma?

顾客 是的。我叫金美英，是昨天打电话预约的②。
Shì de. Wǒ jiào Jīn Měiyīng, shì zuótiān dǎ diànhuà yùyuē de.

服务员 一共两位，对吗？
Yígòng liǎng wèi, duì ma?

顾客 待会儿还会来两个人。
Dāi huìr hái huì lái liǎng ge rén.

服务员 您还是③坐这边比较合适。
Nín háishi zuò zhè biān bǐjiào héshì.

因为四个人坐吧台，说话会有些不方便。
Yīnwèi sì ge rén zuò bātái, shuōhuà huì yǒu xiē bù fāngbiàn.

顾客 好主意！
Hǎo zhǔyi!

실무회화 ②

🎧 03-2

● **酒吧点单服务** 바 주문 서비스

| 顾客 | 服务员！有葡萄酒吗？
Fúwùyuán! Yǒu pútáojiǔ ma?

| 服务员 | 您说的是红葡萄酒**还是**③白葡萄酒？
Nín shuō de shì hóng pútáojiǔ háishi bái pútáojiǔ?

| 顾客 | 红葡萄酒。这个红葡萄酒是甜型的吗？
Hóng pútáojiǔ. Zhè ge hóng pútáojiǔ shì tián xíng de ma?

| 服务员 | 稍微有点儿甜。
Shāowēi yǒudiǎnr tián.

| 顾客 | 是吗？那鸡尾酒有什么样的？
Shì ma? Nà jīwěijiǔ yǒu shénme yàng de?

| 服务员 | **如果**④喜欢喝甜型的，莫吉托和玛格丽特
Rúguǒ xǐhuan hē tián xíng de, mòjítuō hé mǎgélìtè

都很不错。
dōu hěn búcuò.

새 단어

실무회화 ① 03-3

- 酒吧 jiǔbā 명 (서양식) 술집. 바(bar)
- 预订 yùdìng 동 예약하다
- 打电话 dǎ diànhuà 전화를 걸다. 전화하다
- 预约 yùyuē 동 예약하다
- 一共 yígòng 부 모두. 전부
- 对 duì 형 맞다. 옳다
- 待会儿 dāi huìr 동 잠시 지나다, 좀 기다리다
- 还是 háishi 부 ~하는 편이 (더) 좋다
- 合适 héshì 형 적당하다. 알맞다
- 因为 yīnwèi 접 왜냐하면
- 吧台 bātái 명 바(bar). 긴 테이블
- 说话 shuōhuà 동 말하다. 이야기하다
- 方便 fāngbiàn 형 편리하다. 편하다
- 主意 zhǔyi 명 방법. 생각. 아이디어

실무회화 ② 03-4

- 葡萄酒 pútáojiǔ 명 포도주
- 红葡萄酒 hóng pútáojiǔ 레드 와인
- 白葡萄酒 bái pútáojiǔ 화이트 와인
- 甜 tián 형 (설탕이나 꿀처럼) 달다. 달콤하다
- 型 xíng 명 유형. 형식. 타입
- 稍微 shāowēi 부 조금. 약간. 다소
- 鸡尾酒 jīwěijiǔ 명 칵테일
- 什么样 shénme yàng 대 어떠한. 어떤 모양
- 莫吉托 mòjítuō 명 모히토(Mojito) [칵테일 이름]
- 玛格丽特 mǎgélìtè 명 마르가리타(Margarita) [칵테일 이름]

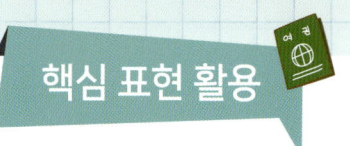

핵심 표현 활용

01 请问，你们预订了吗?

'了'는 동사 뒤에서 '동사 + 了'의 형식으로 완료를 나타내는 동태조사이다. 목적어가 있는 경우 대개 수량사나 관형어의 수식을 받는다. 한편, 부정은 '没(有) + 동사'의 형식으로, 의문은 '동사 + 了 + 吗? / 동사 + 了 + 没(有)?'의 형식으로 나타낸다.

- 我们已经点了两个下酒菜。 우리는 이미 안주 두 개를 주문했어요.
- 昨天我一滴也没(有)喝。 어제 저는 한 모금도 안 마셨어요.
- 请问，你们订位了吗? = 请问，你们订位了没有? 자리 예약하셨나요?

활용 제시된 단어를 배열하여 알맞은 중국어로 말해 보세요.

① 寒假，我，去，上，个，没，旅行 지난 겨울방학에 저는 여행을 안 갔어요.
  → _____

② 我，个，新，几，认识，了，朋友 저는 새 친구 몇 명을 알게 되었어요.
  → _____

③ 安排，吧，都，我们的，日程，好，了 우리의 일정은 모두 다 준비되었지요?
  → _____

02 我叫金美英，是昨天打电话预约的。

이 문장은 이미 발생한 일에 대하여 장소, 시간, 방법을 강조하는 '是……的' 구문이다. 보통 문장 끝의 '的'는 인칭대명사 외의 목적어가 오면 그 앞에 사용될 수 있다.
긍정문에서는 '是'를 생략할 수 있으나 부정문에서는 생략하지 않고 '不是……的'의 형식으로 말한다. 이 밖에 이 문형은 목적, 부류 등을 강조할 때 사용한다.

단어 下酒菜 xiàjiǔcài 명 술안주 | 滴 dī 명 한 방울씩 떨어지는 액체 | 寒假 hánjià 명 겨울방학 | 旅行 lǚxíng 명 동 여행(하다) | 安排 ānpái 동 안배하다. (일정을) 짜다. 준비하다 | 日程 rìchéng 명 일정

활용 정답 1. ① 上个寒假我没去旅行。 ② 我认识了几个新朋友。 ③ 我们的日程都安排好了吧?

- 我们比他来得早，是半个小时以前登记的。
  저희가 저 분보다 먼저 왔어요. 30분 전에 이미 (명단에) 기입했는데요.
- 我不是一个人来的，是跟团一起来的。 저는 혼자 온 게 아니에요. 단체와 함께 왔어요.
- 我是来看你的。来，为我们的友谊，干杯！
  내가 널 보려고 왔잖아. 자, 우리의 우정을 위해서 건배!

> **활용** 다음의 문장이 올바른지 ○, ×로 체크하세요.
>
> ① 你们是从哪儿来的? (○, ×)
> ② 我们不十年以前结婚的。 (○, ×)
> ③ 我是在中国学的汉语。 (○, ×)

03 ① 您还是坐这边比较合适。
② 您说的是红葡萄酒还是白葡萄酒？

①의 '还是'는 '(아무래도) ~하는 게 낫다'의 의미로 고려를 통해 하나를 선택할 때 사용하는 부사이다. 반면, ②의 '还是'는 '혹은, 아니면'의 의미로 선택의문문을 구성하는 접속사이다. 비슷한 의미의 접속사인 '或者'는 의문문에는 쓰일 수 없고, 진술문에서 단어나 절 중 하나를 선택함을 나타낸다.

- 这酒吧太吵了，我们还是上楼谈吧。
  여기 바가 너무 시끄러우니까 우리 아무래도 올라가서 이야기를 나누는 게 낫겠어요.
- 您要坐这里还是坐靠窗的位置？ 여기 앉으실래요, 아니면 창가 쪽 자리에 앉으실래요?
- 我周末看书或者上网聊天。 저는 주말이면 책을 읽거나 인터넷으로 채팅을 해요.

단어 登记 dēngjì 동 기입하다 | 团 tuán 명 단체 | 友谊 yǒuyì 명 우정 | 干杯 gānbēi 명동 건배(하다) | 结婚 jiéhūn 명동 결혼(하다) | 吵 chǎo 동 시끄럽다 | 上楼 shànglóu 동 윗층으로 올라가다 | 靠窗 kàochuāng 창가 | 周末 zhōumò 명 주말 | 上网 shàngwǎng 동 인터넷하다 | 聊天 liáotiān 명동 한담(하다). 채팅(하다)

활용 정답 2. ① ○ ② × ③ ○

> **활용** '还是'나 '或者'를 사용하여 다음 문장을 중국어로 말해 보세요.
>
> ① 시간이 이미 늦었으니 저 이제 그만 마시는 게 낫겠어요.
>   → _____
>
> ② 당신은 3일에 가요, 아니면 4일에 가요?
>   → _____
>
> ③ 저는 아침에는 우유를 한 잔 마시거나 커피를 한 잔 마셔요.
>   → _____

04 如果喜欢喝甜型的，莫吉托和玛格丽特都很不错。

'如果'는 '만약 ~라면'의 뜻으로 가정의 의미를 나타내는 접속사이다. '如果……的话', '要是……的话'의 형식으로 쓰이며, 연결부사 '就'와 호응하여 쓰이기도 한다.

- **如果**以后有机会**的话**，我一定要学怎么做鸡尾酒。
  만약 앞으로 기회가 있다면 저는 어떻게 칵테일을 만드는지 꼭 배우려고 해요.

- **要是**您对韩国传统酒感兴趣，应该尝一尝马格利米酒。
  만약 한국 전통 술에 관심이 있으시면 막걸리를 맛보셔야 해요.

> **활용** 다음 보기 중에서 적당한 표현을 골라 문장을 완성하세요. ( )
>
> 보기 （   ）没有老师的指导，我（   ）不会成功。
>
> ① 只有，才   ② 如果，就   ③ 一，就   ④ 只要，就

단어 咖啡 kāfēi 명 커피 | 机会 jīhuì 명 기회 | 传统 chuántǒng 형 전통적인 | 感兴趣 gǎn xìngqù 동 흥미가 있다 | 应该 yīnggāi 조동 ~해야 한다 | 尝 cháng 동 맛보다 | 马格利 mǎgélì 명 막걸리 | 米酒 mǐjiǔ 명 미주. 쌀로 만든 술 | 指导 zhǐdǎo 동 지도하다. 이끌어주다 | 成功 chénggōng 동 성공하다

활용 정답 3. ① 时间不早了，我还是不喝了。 ② 你三号去还是四号去？ ③ 早上我喝一杯牛奶或者一杯咖啡。 4. ②

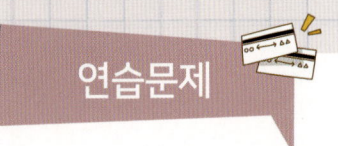

01 아래 빈칸에 들어갈 알맞은 표현을 넣어 대화를 완성해 보세요.

服务员	晚上好！请问，_____？
顾客	我叫_____，____昨天打电话预约____。
服务员	____两位，对吗？
顾客	待会儿____来两个人。
服务员	这边请！
顾客	____葡萄酒____？
服务员	您说的是红葡萄酒____白葡萄酒？
顾客	红葡萄酒。

02 다음 보기를 참조하여 그림과 알맞은 상황을 중국어로 표현해 보세요.

① 보기 预定

② 보기 A还是B

③ 보기 稍微

④ 보기 都很不错

실력 보태기

🎧 03-5

🎵 회화로 배운 내용을 서술문으로 익혀본 후 확인문제를 풀어보세요.

服务员要把调制好的饮品用托盘尽快送给客人。在给客人送酒的过程中，服务员必须要注意轻拿轻放，饮品要放在客人的右手侧。服务员还要记住，"女士优先，先宾后主"的服务规则。

Check!
위의 서술문과 다음 문장의 내용이 일치하면 O, 일치하지 않으면 X 표시를 하시오.

① 给客人送饮品时不用托盘。　　　　　　　　　　　　(　)
② 给客人送酒、送饮料时轻拿轻放是必须的。　　　　　(　)
③ 饮品随便放在哪儿都没问题。　　　　　　　　　　　(　)

단어

调制 tiáozhì	동	조제하다. 재료를 배합하여 만들다
饮品 yǐnpǐn	명	음료
托盘 tuōpán	명	쟁반
尽快 jǐnkuài	부	되도록 빨리
送给 sònggěi	동	주다. 선사하다
过程 guòchéng	명	과정
必须 bìxū	부	반드시. 꼭. 기필코
轻 qīng	형	(무게가) 가볍다. 살살하다
拿 ná	동	(손으로) 쥐다. 잡다. 가지다
轻放 qīngfàng	동	가볍게 놓다. 천천히 놓다
右手 yòushǒu	명	오른손
侧 cè	명	옆. 곁. 측면
记住 jìzhù	동	확실히 기억해 두다
女士 nǚshì	명	여사. 숙녀. 부인
优先 yōuxiān	동	우선하다
宾 bīn	명	손님
主 zhǔ	명	주인
规则 guīzé	명	규칙. 규정

Check! 정답　① X　② O　③ X

第四课

订房服务

객실 예약 서비스

학습목표
1. 호텔의 객실 유형과 객실 요금을 설명할 수 있다.
2. 호텔 객실 판매 촉진 전략에 따라 상품을 판매할 수 있다.

미리 알아두기

호텔 객실 부서는 호텔의 중추적 역할을 하는 곳으로 고객의 요구나 필요에 따른 서비스를 24시간 제공하며 전반적인 호텔 영업의 중심이 되는 곳이다.

프런트데스크 직원은 객실의 가격은 물론 객실의 형태, 구조, 위치 등에 관한 정보를 상세히 알고 있어야 하며, 많은 고객들이 부가적 정보를 주로 프런트에서 획득하려 한다는 점에서 고객의 문의에 언제라도 자세하게 응대해야 한다. (참고: 김정근, 2002) NCS 02. 객실 관리 1. 객실 예약 접수

1 객실 상품의 종류

NCS 02. 객실 관리
1. 객실 예약 접수
1-1 객실 상품의 종류 및 요금제도

(1) 객실 위치에 따른 분류: 전망을 볼 수 있는 아웃사이드 룸(Outside Room), 전망을 볼 수 없는 인사이드 룸(Inside Room), 객실과 객실 사이에 내부로 통하는 문이 있는 커넥팅 룸(Connecting Room), 내부적으로 연결된 통로는 없으나 객실이 나란히 배열되어 있는 어드조이닝 룸(Adjoining room) 등이 있다.

(2) 객실 타입에 따른 분류: 싱글룸(Single Room: 1인용 침대 1개), 더블룸(Double Room: 2인용 침대 또는 킹사이즈 침대 1개), 트윈룸(Twin Room: 1인용 침대 2개를 설치), 패밀리 트윈룸(Family Twin Room: 2인용 침대 1개와 1인용 침대 1개), 온돌(Ondol Room: 한국식 전통 객실), 스위트룸(Suite Room: 침실과 별도의 응접실을 갖춘 특실) 등이 있다.

(3) 객실 용도에 따른 분류: 스탠더드룸(Standard Room: 일반 객실), 스튜디오 베드룸(Studio Bed Room: 소파와 침대로 사용 가능한 다목적용 침대), 금연 객실(Non-Smoking Room), 레지덴셜룸(Residential Room: 취사가 가능한 주거형 객실), 장애인 객실(The Handicapped Room) 등이 있다.

2 객실 요금에 따른 분류

NCS 02. 객실 관리
1. 객실 예약 접수
1-1 객실 상품의 종류 및 요금제도

(1) 공표 요금: 룸 테리프(Room Tariff: 객실 요금표)에 기재된 풀 차지(Full Charge: 정상 요금) 요금을 의미하는 것으로 할인이 되지 않은 정상 요금을 말한다.

(2) 특별 요금: 호텔 정책에 따라 객실의 매출 증대를 위해 공표 요금을 할인하는 할인 요금(Discount Rate)과 무료로 제공하는 무료 요금(Complimentary)이 있다. 할인 요금에는 상용 요금(Commercial Rate), 단체 요금(Group Discount Rate), 업그레이드(Up Grading Rate), 직원 요금(Employee Rate), 비수기 요금(Off season Rate), 호텔 멤버십(Membership) 등이 있다.

3 객실 판매 촉진 전략

NCS 02. 객실 관리
1. 객실 예약 접수
1-2 객실 판매 촉진 전략

(1) 패키지: 계절별 패키지와 설·추석·허니문 등에 적용하는 특별 패키지.

(2) 프로모션: 호텔 멤버십 가입 및 인터넷을 이용한 이벤트 활동을 통한 판촉 활동.

(3) BAR(Best Available Rate): 최고 경영층과 객실 예약 관련 부서와의 논의를 통해서 매출 및 투숙률 지표를 토대로 결정되는 당일 최대 적정 가격. (참고: 고석면, 2010)

실무회화 ① 🎧 04-1

● **客房价格** 객실 가격

顾客　　喂，你好！我想预订客房。
　　　　Wéi, nǐ hǎo! Wǒ xiǎng yùdìng kèfáng.

服务员　您好，先生，您打算什么时候入住？
　　　　Nín hǎo, xiānsheng, nín dǎsuàn shénme shíhou rùzhù?

顾客　　下星期二，想住三天①。一天的房价是多少？
　　　　Xià xīngqī'èr, xiǎng zhù sān tiān. Yì tiān de fángjià shì duōshao?

服务员　我们酒店正在②搞活动，标准间打八折③，
　　　　Wǒmen jiǔdiàn zhèngzài gǎo huódòng, biāozhǔnjiān dǎ bā zhé,
　　　　商务间打七折③。
　　　　shāngwùjiān dǎ qī zhé.

顾客　　标准间的价格是你们官方网站的价格吗？
　　　　Biāozhǔnjiān de jiàgé shì nǐmen guānfāng wǎngzhàn de jiàgé ma?

服务员　是的。
　　　　Shì de.

실무회화 ② 04-2

● **客房类型** 객실 유형

顾客 标准间是大床吗?
Biāozhǔnjiān shì dàchuáng ma?

服务员 标准间有两种，一种是有两张单人床的房间，
Biāozhǔnjiān yǒu liǎng zhǒng, yì zhǒng shì yǒu liǎng zhāng dānrénchuáng de fángjiān,
另一种是有一张双人床的房间，您需要哪一种?
lìng yì zhǒng shì yǒu yì zhāng shuāngrénchuáng de fángjiān, nín xūyào nǎ yì zhǒng?

顾客 商务间的房型是什么样的?
Shāngwùjiān de fángxíng shì shénme yàng de?

服务员 商务间房间又大，设备又④多。
Shāngwùjiān fángjiān yòu dà, shèbèi yòu duō.

顾客 帮我订一个商务间吧。
Bāng wǒ dìng yí ge shāngwùjiān ba.

服务员 请告诉我您的姓名和联系方式。
Qǐng gàosu wǒ nín de xìngmíng hé liánxì fāngshì.

第四课 订房服务

새 단어

실무회화 ① 🎧 04-3

- 订房 dìng fáng 방을 예약하다
- 客房 kèfáng [명] 객방. 객실
- 价格 jiàgé [명] 가격. 값
- 喂 wéi [감] (전화상에서) 여보세요
- 预订 yùdìng [동] 예약하다. 예매하다
- 打算 dǎsuàn [동] ~할 생각이다. ~하려고 하다
- 入住 rùzhù [동] (호텔 등에서) 숙박하다
- 星期二 xīngqī'èr [명] 화요일
- 房价 fángjià [명] 집(방)의 가격
- 多少 duōshao [대] 얼마. 몇
- 搞 gǎo [동] ~하다. 처리하다
- 活动 huódòng [명][동] 행사(하다)
- 标准间 biāozhǔnjiān [명] (2인 1실의) 일반실. 스탠더드룸. 더블룸
- 打折 dǎzhé [동] 가격을 깎다. 디스카운트하다
- 商务间 shāngwùjiān [명] 비즈니스룸
- 官方网站 guānfāng wǎngzhàn [명] 공식사이트

실무회화 ② 🎧 04-4

- 类型 lèixíng [명] 유형
- 床 chuáng [명] 침대. 침상. 베드(bed)
- 张 zhāng [양] 장 [종이나 가죽 등을 세는 단위]
- 单人床 dānrénchuáng [명] 1인용 침대. 싱글침대
- 双人床 shuāngrénchuáng [명] 2인용 침대. 더블침대
- 需要 xūyào [동] 필요하다. 요구되다
- 房型 fángxíng [명] 집(방)의 유형
- 设备 shèbèi [명] 설비. 시설
- 告诉 gàosu [동] 말하다. 알리다
- 姓名 xìngmíng [명] 성명. 성과 이름
- 联系 liánxì [동] 연락하다. 연결하다
- 方式 fāngshì [명] 방식. 방법

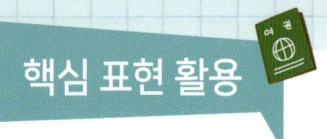

핵심 표현 활용

01 下星期二，想住三天。

'三天'은 '3일 동안'의 의미로 술어 동작이 진행되는 시간을 나타내는 시간보어이다.

- 在酒店的健身房里，我打算锻炼两个小时。
  호텔 헬스클럽에서 나는 두 시간 동안 운동할 예정이다.

목적어가 있는 경우는 다음과 같은 어순으로 표현한다.

> 동사 + 목적어 + 동사 + 시간보어 / 동사 + 시간보어 + (的) + 목적어

- 在酒店里的咖啡厅里，我看杂志看了一个小时。
  = 在酒店里的咖啡厅里，我看了一个小时的杂志。
  호텔 커피숍에서 저는 두 시간 동안 잡지를 봤어요.

다만, 목적어가 인칭대명사인 경우는 '동사 + 목적어 + 시간보어'의 형식으로 쓴다. 한편, 시간보어가 있는 문장 끝에 어기조사 '了'가 있으면 이는 '지금까지 지속되는 시간'을 나타낸다.

> 동사 + (인칭대명사) 목적어 + 시간보어

- 我找了你半天，你去哪儿了? 내가 널 한참 찾았는데, 어디 갔었니?
- 我等车等了三十分钟了。 나는 차를 30분 째 기다리고 있다.

> **활용** 다음 중 틀린 문장을 고르세요. (   )
> ① 我等了一年了。　　　② 我学汉语学了三年。
> ③ 我学了三年(的)汉语。　④ 我等了一个小时(的)他。

단어 健身房 jiànshēnfáng 몡 헬스클럽 | 锻炼 duànliàn 동 단련하다 | 小时 xiǎoshí 몡 시간 | 半天 bàntiān 몡 한나절, 한참 | 分钟 fēnzhōng 몡 분

활용 정답 1. ④

02 我们酒店正在搞活动。

'正在', '在', '正'은 '~하는 중이다'라는 동작이나 행위의 진행을 나타내는 부사이다. 문장 끝에 어기조사 '呢' 등과 함께 쓰이기도 하고, 각각 단독으로 쓰이기도 한다.

- 对不起，这个月我们酒店正在维修。 죄송합니다만, 이번 달에 저희 호텔이 수리 중입니다.
- 他在填写入住登记表。 그는 투숙 카드를 기록하는 중입니다.
- 家人在停车场等我呢。 가족이 주차장에서 저를 기다리고 있어요.

> **활용** 다음 단어를 활용하여 진행을 나타내는 문장을 만드세요.
>
> ① 睡觉, 过一会儿   그는 자고 있으니 당신 조금 있다가 다시 (전화) 거세요.
>   →
>
> ② 安静, 上课   좀 조용히 해. 우리 수업하고 있잖아.
>   →

03 标准间打八折，商务间打七折。

'打折'는 '할인하다'의 의미로 '打……折'는 '10분의 ~가격을 받겠다'라는 뜻이다. 즉 '打八折'는 '20% 할인', '打七折'는 '30% 할인'을 의미하는데, 사이의 숫자가 작을수록 할인율이 커진다.

- 这个月豪华间有打折优惠。 이 달에 스위트룸 할인 혜택이 있습니다.
- 我订这么多房间能打几折? 이렇게 방을 많이 예약하는데 할인을 얼마나 해주실 수 있나요?

단어 维修 wéixiū 동 수리하다. 보수하다 | 填写 tiánxiě 동 기입하다 | 登记表 dēngjìbiǎo 명 등기용지. 등기표 | 停车场 tíngchēchǎng 명 주차장 | 睡觉 shuìjiào 동 자다 | 过 guò 동 지나다 | 一会儿 yíhuìr 부 잠시 | 安静 ānjìng 형 조용하다. 잠잠하다 | 豪华间 háohuájiān 명 스위트룸 | 优惠 yōuhuì 형 특혜의. 우대의

활용 정답 2. ① 他在睡觉呢，你过一会儿再打吧。   ② 安静一点儿，我们在上课呢。

> **활용** 괄호 안에 할인된 이후의 적합한 숫자를 넣어서 문장을 완성하세요.
>
> ① 我给你打九折，这个原价100块，你给我（　　　　）好了。
> ② 一盒人参原来是十万，打完八折以后是（　　　　）。
> ③ 原价1000元，打三折，现价是（　　　　）元。

04 商务间房间又大，设备又多。

'又A又B'는 'A하기도 하고 B하기도 하다'의 의미로 두 가지 상태를 병렬하여 나타내는 표현이다. 대개는 동사(구)나 형용사를 병렬하여 사용하고, '既A又B'도 같은 의미이다.

● 网上订房间又方便又便宜。 인터넷으로 방을 예약하면 편하고 또 저렴해요.

● 前台的那个服务员又高又帅，是不是？ 카운터에 있는 저 직원 키도 크고 멋있죠?

> **활용** '又A又B' 구문을 활용하여 적당한 문장을 만들어보세요.
>
> ① 我的女朋友_____。（可爱，善良）
> ② 他_____。（会汉语，会日语）

단어 原价 yuánjià 명 원가 | 盒 hé 양 갑 [작은 상자를 세는 단위] | 人参 rénshēn 명 인삼 | 原来 yuánlái 부 원래 | 万 wàn 수 만, 10000 | 现价 xiànjià 명 현재 가격 | 方便 fāngbiàn 형 편리하다 | 前台 qiántái 명 카운터 | 帅 shuài 형 멋지다 | 可爱 kě'ài 형 귀엽다 | 善良 shànliáng 형 착하다 | 会 huì 조동 ~을(를) 할 수 있다

활용 정답 3. ① 90块　② 八万　③ 300　4. ① 又可爱又善良　② 又会汉语，又会日语

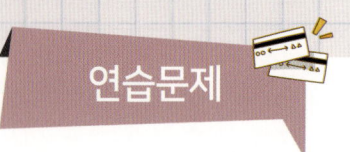

연습문제

01 아래 빈칸에 들어갈 알맞은 표현을 넣어 대화를 완성해 보세요.

顾客	我想_____。
服务员	您_____什么时候_____?
顾客	下星期二。一天的_____是多少?
服务员	我们酒店正在_____，标准间打八折，商务间打七折。
顾客	商务间的_____是什么样的?
服务员	房间____大，设备____多。
顾客	帮我____一个商务间吧。

02 다음 보기를 참조하여 그림과 알맞은 상황을 중국어로 표현해 보세요.

① 보기: 打算 / 入住
② 보기: 一天 / 房价
③ 보기: 房型
④ 보기: 告诉

실력 보태기

🎧 04-5

🎵 회화로 배운 내용을 서술문으로 익혀본 후 확인문제를 풀어보세요.

　　单人间是指一张单人床的房间。双人间也可以叫标准间，是有两张标准单人床的房间，这是最普遍的房型。商务间比标准间面积会宽松一点，一般会有个茶几和沙发。豪华间，也可以叫高级间，房间的装修和设施档次、价格比标准间高一些。

> **Check!**
> 위의 서술문과 다음 문장의 내용이 일치하면 O, 일치하지 않으면 X 표시를 하시오.
> ① 标准间和双人间是不一样的房间。　　　　　　　　　（　　）
> ② 商务间必须得有茶几和沙发。　　　　　　　　　　　（　　）
> ③ 豪华间比其他房间价格高一些。　　　　　　　　　　（　　）

단어
- 指 zhǐ 동 가리키다. 지시하다
- 双人间 shuāngrénjiān 명 더블룸. 트윈룸. 2인실
- 普遍 pǔbiàn 형 보편적인. 일반적인
- 面积 miànjī 명 면적
- 宽松 kuānsōng 형 넓다. 널찍하다
- 茶几 chájī 명 찻상. 티테이블
- 沙发 shāfā 명 소파(sofa)
- 豪华间 háohuájiān 명 스위트룸
- 高级间 gāojíjiān 명 고급 객실
- 装修 zhuāngxiū 명 내장 설비. 인테리어
- 设施 shèshī 명 시설
- 档次 dàngcì 명 (품질 등의) 등급. 차등

Check! 정답 ① X ② X ③ O

第四课 订房服务

第五课
客房预订变更和取消

객실 예약 변경과 취소

학습목표
1. 고객의 요청에 따라 예약을 변경 또는 취소 가능한지 확인할 수 있다.
2. 예약 변경 시 변경된 사항을 고객에게 전달할 수 있다.
3. 예약 규정에 따라 취소 수수료 지불에 관한 안내를 할 수 있다.

미리 알아두기

호텔에서는 예약 변경 및 취소에 대비하여 예약 확인(Reservation Reconfirm)을 해야 한다. 예약 변경은 고객의 사정에 의해 예약 내용 및 일정을 변경하거나 취소하는 것을 말하는 것으로, 시스템 상에서 예약 변경 가능성을 확인 후 수정하도록 해야 하며, 예약 슬립과 시스템 양쪽으로 다 수정을 하도록 한다. 시스템 상으로 변경 사항이 기록되므로 혹시 발생할 수 있는 오류를 살펴볼 수 있도록 되어 있다. 예약을 변경할 시에는 반드시 예약 변경 요청자의 이름과 연락처를 확인하여 예약 변경으로 인한 문제 발생 시 확인할 수 있도록 한다. 특히 당일 예약 변경은 신속하게 관련 부서에 알려주도록 한다. `NCS 02. 객실 관리  1. 객실 예약 접수`

1 예약 및 변경
`NCS 02. 객실 관리`
`1. 객실 예약 접수`
`5-2 예약 변경 처리하기`

호텔의 예약과 관련해서는 고객과의 재확인을 통하여 예약 사항을 변경할 수 있어야 한다.

(1) 예약 재확인(Reconfirm)

예약실에서 노쇼(No-Show)를 줄이고 고객 투숙 정보의 정확성을 높이기 위하여 도착 예정 고객들의 리스트를 확인하여 사전에 투숙 여부를 재확인하는 것을 말한다.

(2) 예약 변경 및 취소

고객 투숙 전 예약 사항의 변경을 의미하는 것으로, 일정 및 객실을 변경 또는 취소하는 것을 말한다.

2 예약 취소 수수료
`NCS 02. 객실 관리`
`1. 객실 예약 접수`
`5-1 예약 취소`

우리나라에서는 1994년 7월 1일부터 전국의 특2급 이상의 호텔에서 예약 취소 수수료를 지불하도록 실시하고 있으며, 각 호텔마다 규정을 정하여 운영하고 있다.

(1) 개별(FIT) 예약 고객

① 하루 전 – 객실 요금의 20%
② 숙박 당일 오후 6시 이전 – 객실 요금의 50%
③ 숙박 당일 오후 6시 이후 취소 혹은 투숙하지 않을 경우(No-Show)
 – 객실 요금의 80%

(2) 15인 이상 단체 고객(Group)

① 2일 전 – 객실 요금의 10%
② 하루 전 – 객실 요금의 20%
③ 숙박 당일 – 객실 요금의 30%
④ 2박 예약의 경우 – 객실 요금의 40%
⑤ 예약한 고객에게 객실을 제공해주지 못하였을 경우 – 고객에게 객실 요금의 200%를 지급 (참고: 호텔용어사전, 2008)

실무회화 ① 🎧 05-1

● **电话预订变更和取消服务** 전화 예약 변경과 취소 업무

顾客 喂，您好！我昨天订了两个房间，
Wéi, nín hǎo! Wǒ zuótiān dìng le liǎng ge fángjiān,

现在想取消一个。
xiànzài xiǎng qǔxiāo yí ge.

服务员 很高兴为您服务。请问您贵姓？
Hěn gāoxìng wèi nín fúwù. Qǐngwèn nín guì xìng?

顾客 我叫朴韩一。韩国的韩，数字一二三的一。
Wǒ jiào Piáo Hányī. Hánguó de hán, shùzì yī èr sān de yī.

服务员 您订的是10月4号到10月12号的一个标准间和
Nín dìng de shì shí yuè sì hào dào shí yuè shí'èr hào de yí ge biāozhǔnjiān hé

一个商务间，您要取消哪一个呢？
yí ge shāngwùjiān, nín yào qǔxiāo nǎ yí ge ne?

顾客 取消商务间，有手续费吗？
Qǔxiāo shāngwùjiān, yǒu shǒuxùfèi ma?

服务员 离入住日期还有一段时间，<u>所以</u>①没有任何手续费。
Lí rùzhù rìqī háiyǒu yíduàn shíjiān, suǒyǐ méiyǒu rènhé shǒuxùfèi.

실무회화 ②

● **总台客房预订变更和取消服务** 프런트데스크 객실 예약 변경과 취소 업무

顾客　　你好，我是住602房间的，我想延期
　　　　Nǐ hǎo, wǒ shì zhù liù líng èr fángjiān de, wǒ xiǎng yánqī

　　　　两天住宿时间。
　　　　liǎng tiān zhùsù shíjiān.

服务员　请稍等，先生，让② 我核实一下。
　　　　Qǐng shāo děng, xiānsheng, ràng wǒ héshí yíxià.

　　　　您现在带房卡了吗?
　　　　Nín xiànzài dài fángkǎ le ma?

顾客　　嗯，在这儿。
　　　　Èng, zài zhèr.

服务员　谢谢。您要延期两天，大后天13号退房，是吗?
　　　　Xièxie. Nín yào yánqī liǎng tiān, dàhòutiān shísān hào tuìfáng, shì ma?

顾客　　没错。请用这张信用卡结账③。
　　　　Méicuò. Qǐng yòng zhè zhāng xìnyòngkǎ jiézhàng.

服务员　我已经帮您延期两天了。这是您的房卡和收据，
　　　　Wǒ yǐjīng bāng nín yánqī liǎng tiān le. Zhè shì nín de fángkǎ hé shōujù,

　　　　请收好④。
　　　　qǐng shōuhǎo.

顾客　　好的，谢谢。
　　　　Hǎo de, xièxie.

새 단어

실무회화 ① 🎧 05-3

- 变更 biàngēng 동 변경하다. 바꾸다
- 取消 qǔxiāo 동 취소하다
- 订 dìng 동 예약하다. 주문하다
- 现在 xiànzài 명 지금. 현재. 이제
- 高兴 gāoxìng 형 기쁘다. 즐겁다
- 为 wèi 개 ~에게. ~을 위하여
- 贵 guì 형 상대방과 관련 있는 사물을 높여 부르는 말
- 数字 shùzì 명 숫자
- 到 dào 동 도달하다 / 개 ~에. ~로. ~까지
- 手续费 shǒuxùfèi 명 수속비. 수속료
- 离 lí 개 ~에서. ~로부터. ~까지
- 日期 rìqī 명 (특정한) 날짜. 기간
- 段 duàn 양 (한)동안. 얼마간. 기간
- 所以 suǒyǐ 접 그래서. 그러므로
- 任何 rènhé 대 어떠한. 무슨

실무회화 ② 🎧 05-4

- 总台 zǒngtái 명 프런트데스크
- 延期 yánqī 동 (기간을) 연장하다. 늘리다
- 住宿 zhùsù 동 묵다. 숙박하다
- 核实 héshí 동 실태를 조사하다. 사실을 확인하다
- 带 dài 동 (몸에) 지니다. 휴대하다
- 房卡 fángkǎ 명 (호텔 등의) 룸 카드키
- 嗯 èng 감 응. 그래 [嗯(éng), 嗯(ěng)]
- 大后天 dàhòutiān 명 글피
- 退房 tuìfáng 동 체크아웃하다
- 信用卡 xìnyòngkǎ 명 신용카드. 크레디트카드 (credit card)
- 结账 jiézhàng 동 계산하다. 결산하다
- 已经 yǐjīng 부 이미. 벌써
- 收据 shōujù 명 영수증. 인수증
- 收好 shōuhǎo 받다. 챙기다

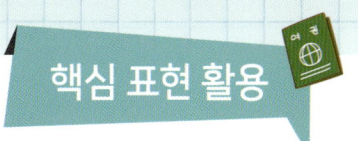

핵심 표현 활용

01 离入住日期还有一段时间，所以没有任何手续费。

'因为A所以B'는 'A이기 때문에 그래서 B하다'는 뜻으로 인과관계를 나타내는 접속사인데, 위 예문과 같이 각각을 생략하여 문장을 구성할 수 있다.

- 因为我的出差日程变了，所以我要改预订的日期。
  제 출장 일정이 바뀌었어요. 그래서 예약 날짜를 바꾸려고 합니다.

- 对不起，房间已经住满了，所以没办法帮您订房间。
  죄송하지만, 방이 다 찼어요. 그래서 방 예약을 해드릴 수가 없겠네요.

> **활용** 다음 빈칸을 채워 자연스러운 문장을 완성하세요.
> ① 因为明天有考试，所以 _____ 。
> ② _____ ，所以身体有点儿不舒服。

02 让我核实一下。

위의 예문에서 '我'는 사역을 나타내는 앞 동사 '让'의 목적어이면서 뒤의 동사 '核实'의 주어를 겸하는데, 이러한 문장을 겸어문이라고 한다. 대개 앞 동사의 자리에는 '让', '叫', '使' 등이나 '请'처럼 요청을 나타내는 동사가 온다.

- 先让我查一查那天有没有空房间。 먼저 그 날 빈 방이 있는지 제가 좀 찾아보겠습니다.
- 稍等一下，我派人去找您的项链。
  잠깐 기다려 보세요. 내가 사람을 보내서 목걸이를 찾아보라고 하겠습니다.

단어 出差 chūchāi 동 출장 가다 | 变 biàn 동 변하다 | 改 gǎi 동 고치다 | 满 mǎn 동 가득 차다 | 办法 bànfǎ 명 방법 | 考试 kǎoshì 명동 시험(보다) | 舒服 shūfu 형 편안하다 | 查 chá 동 검사하다 | 空 kōng 형 텅 비다 | 派 pài 동 파견하다 | 项链 xiàngliàn 명 목걸이

활용 정답 1. ① 我不能出去玩儿 ② 因为昨天没睡好

> **활용** 제시된 단어를 배열하여 올바른 중국어 문장을 만드세요.
>
> ① 让, 消息, 我, 那, 失望, 个   그 소식은 나를 실망시켰다.
>
> → _____
>
> ② 周末, 想, 你, 看, 我, 这个, 请, 电影
> 주말에 제가 당신께 이 영화를 보여드리고 싶어요.
>
> → _____

03 请用这张信用卡结账。

하나의 구문에 두 개 이상의 술어가 있는 문장을 '연동문'이라고 한다. 위 예문처럼 동작의 방식이나 수단을 나타내기도 하고, 목적/동작의 선후관계 등을 나타낼 수도 있다.
연동문의 부정 형식이나 정반의문문은 첫 번째 동사를 활용하여 구성하고, 완료의 동태조사 '了'는 두 번째 동사 뒤에 넣는다.

- 我们坐大巴来这儿的。 우리는 버스를 타고 여기 왔어요. [수단]
- 这次休息得很好，我们会再来玩儿的。 잘 쉬었어요. 우리 또 놀러 올게요. [목적]
- 我想找个地方休息休息。 어디 좀 쉴 데를 찾고 싶습니다. [선후]
- 我没去餐厅吃饭。 저는 레스토랑에 식사하러 가지 않았습니다. [부정 형식]
- 她来问了老师这个问题。 그녀는 선생님에게 이 문제를 물어보러 왔다. [완료]

> **활용** 다음 중에서 문장 표현이 옳지 않은 것을 고르세요. (   )
>
> ① 他去了图书馆借一本书。　② 他来不来打高尔夫球？
> ③ 我回宿舍休息。　　　　　④ 我不去美国学习。

단어 消息 xiāoxi 명 소식 | 失望 shīwàng 동 실망하다 | 大巴 dàbā 명 대형버스 | 借 jiè 동 빌리다, 빌려주다 | 高尔夫球 gāo'ěrfūqiú 명 골프

활용 정답 2. ① 那个消息让我失望。　② 周末我想请你看这个电影。　3. ①

04 这是您的房卡和收据，请收好。

'결과보어'란 동사 뒤에서 동작이나 행위의 결과를 보충 설명하는 성분을 말한다. 결과보어로 쓰인 '好'는 '동작의 완성이나 완벽한 상태에 도달, 잘 마무리됨'을 나타낸다. 부정문은 '没'를 동사 앞에 첨가하면 된다.

● 주요 결과보어의 용법

完	동작·행위의 완성	到	목적 도달/어느 시점 또는 지점까지의 도달
懂	보고 들은 결과를 이해함	见	감지, 지각
给	전달, 수여됨	在	결과적 위치
着	목적 달성	住	동작의 고정
对	결과적으로 옳음	错	결과적으로 틀림
掉	이탈, 제거	清楚	동작의 명확함

● 日期已经改好了，入住的那天告诉我们您的姓名就行了。
  날짜는 이미 변경했고요, 숙박하시는 날에 성함만 저희에게 말씀하시면 됩니다.

● 大家先整理好行李，然后可以在二楼餐厅用餐。
  여러분은 먼저 짐 정리를 다 하신 후에 2층 식당에서 식사하실 수 있어요.

● 我写完了我的韩国地址。 제 한국 주소를 다 썼어요.

● 你的话太快，我没听懂，请再说一遍。
  당신 말이 너무 빨라서 못 알아들었어요. 다시 좀 말씀해주세요.

활용 다음 중에서 적당한 결과보어를 골라 문장을 완성하세요.

보기   错，好，住，到

① 请大家坐（　　），汽车马上就要开了。
② 你一定要记（　　）我的名字。
③ 对不起，我打（　　）了。
④ 他已经回（　　）家了。

단어 整理 zhěnglǐ 명 동 정리(하다) | 行李 xíngli 명 짐. 여행짐 | 地址 dìzhǐ 명 주소 | 遍 biàn 양 번 [처음부터 끝까지의 전 과정을 가리키는 단위] | 就要…了 jiùyào…le 곧 ~하려고 하다 | 开 kāi 동 운전하다 | 记 jì 동 기억하다

활용 정답 4. ① 好 ② 住 ③ 错 ④ 到

第五课 客房预订变更和取消 57

연습문제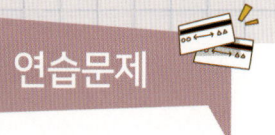

01 아래 빈칸에 들어갈 알맞은 표현을 넣어 대화를 완성해 보세요.

顾客	我预订了两个房间，现在想_____一个。
服务员	很高兴_____服务。请问您贵姓？
顾客	我叫_____。_____的___，_____的___。
服务员	您订的是10月4号_____12号的两个房间，您要取消_____呢？
顾客	取消商务间。有_____吗？
服务员	离入住日期还有一段时间，所以没有任何_____。

02 다음 보기를 참조하여 그림과 알맞은 상황을 중국어로 표현해 보세요.

① 보기 订 / …到…

② 보기 手续费

③ 보기 延期

④ 보기 房卡 / 收据

실력 보태기

🎧 05-5

🎵 회화로 배운 내용을 서술문으로 익혀본 후 확인문제를 풀어보세요.

　　酒店预订人员应通过以下方式来进行房间预订变更或取消工作。如果是电话取消，预订人员一定要记录取消预订人的姓名、联系电话和地址。此外，预订人员要给客人详细说明取消预订时会发生的手续费。

> **Check!**
> 위의 서술문과 다음 문장의 내용이 일치하면 O, 일치하지 않으면 X 표시를 하시오.
>
> ① 客人要求取消预订时，预订人员必须要记录客人的姓名、联系电话等。
> 　　　　　　　　　　　　　　　　　　　　　　　　　　　　　　（　）
>
> ② 预订人员没有必要向客人说明有关手续费的事情。　　　　　　（　）

단어

□ 人员 rényuán	명 인원. 요원	□ 记录 jìlù	명 동 기록(하다)
□ 应 yīng	조동 마땅히(응당) ~해야 한다	□ 地址 dìzhǐ	명 소재지. 주소
□ 通过 tōngguò	동 건너가다. 통과하다. 지나가다	□ 此外 cǐwài	이 외에. 이 밖에
□ 以下 yǐxià	명 이하	□ 详细 xiángxì	형 상세하다. 자세하다. 세세하다
□ 进行 jìnxíng	동 진행하다	□ 说明 shuōmíng	명 동 설명(하다). 해설(하다)
□ 工作 gōngzuò	명 근무. 작업. 일	□ 发生 fāshēng	동 생기다. 일어나다. 발생하다
□ 一定 yídìng	부 반드시. 필히. 꼭		

 ① O　② X

第六课

酒店礼宾服务

호텔 컨시어지 서비스

학습목표

1. 고객의 요청에 따라 호텔 내부의 객실, 부대시설, 서비스 등을 설명할 수 있다.
2. 고객의 요청에 따라 호텔 외부 관광지의 여행 정보, 음식점, 교통편을 설명할 수 있다.

미리 알아두기

컨시어지(concierge)란 사전적 의미로는 문지기(door Keeper)란 뜻으로 중세시대 성을 지키며 안내하는 사람인 'le comte des cierges(촛불 관리자)'라는 프랑스어에서 유래되었다. 현재는 고객을 맞이하며 객실 서비스를 총괄하는 사람으로 의미가 확장되었으며, 호텔 내·외부의 각종 안내 업무를 수행한다. NCS 05. 접객 서비스 4. 컨시어지 1-1 호텔 상품과 서비스 정보의 제공

1 컨시어지의 업무

NCS 05. 접객 서비스
4. 컨시어지
1-1 호텔 상품과 서비스 정보의 제공

호텔 컨시어지는 호텔을 방문하는 고객들에게 내부 시설을 안내하고, 고객이 요청하는 관광, 음식, 교통, 문화 공연, 항공, 차량 등과 관련된 다양한 정보를 제공하면서 예약을 대행하고 확인하는 등의 서비스를 제공할 수 있어야 한다. 특히 고객의 불만(complaints) 사항에 대하여 신속하고 정확하게 대처하여 고객 만족을 창출해야 하는 업무를 담당한다.

2 컨시어지의 업무 내용

NCS 05. 접객 서비스
4. 컨시어지
1-1 호텔 상품과 서비스 정보의 제공

(1) 호텔 시설의 이용 정보 제공

고객의 요청 시에 호텔 내부의 객실이나 부대시설의 위치 및 제공하는 서비스를 설명하고 안내하기 위하여 각종 식당, 연회장, 바, 스포츠 시설, 토산품점 등의 위치를 파악한다. 가급적 층별, 용도별로 분류하여 파악하고 시설의 위치와 이름뿐만 아니라 고객이 요구하는 호텔 정보를 확인할 수 있는 통로는 물론, 멤버십 제도 및 이와 관련한 서비스 등도 숙지한다. 사전에 고객 객실을 점검하고 객실에 과일이나 꽃 등 관리해야 할 사항을 점검한다.

(2) 호텔 내·외 정보 서비스의 제공

외부 관광지의 소개, 음식점의 추천, 공연 티켓의 예약, 교통, 쇼핑 등 고객이 필요로 하는 정보를 제공한다. 이뿐만 아니라 렌터카나 전통시장, 공연장, 외부 행사 등은 물론, 교회, 성당, 사찰, 병원 등에 대한 것까지 전반적인 안내를 담당한다.

(3) 고객 요청 사항의 대행

고객의 요청에 따라 항공기, 렌터카 및 리무진 등의 교통편을 예약, 변경, 확인하여 수속 업무를 대행하며, 고객의 우편물 처리, 차량 관리, 도어 서비스 등 고객이 해결하고자 하는 요구 사항들을 해결해주는 역할을 한다. 또한 팩스나 인터넷 서비스를 안내하여 제공하고 고객이 머무는 동안 불편을 덜어주어야 한다.

(4) 고객 정보 DB(Data Base)의 구축 및 제공

고객의 히스토리(history)를 관리하며, 단골 고객이나 VIP 고객 등 주요 고객의 기록을 관리한다. 이를 바탕으로 영업장에 필요한 고객 정보를 제공하여 고객 서비스를 향상시킨다.

(5) 불편 사항의 접수와 해결 및 고객 요청 업무의 대행

(6) VIP 고객의 환송 업무, 고객 관계(guest relationship) 강화

第六课 酒店礼宾服务

실무회화 ① 06-1

● 问讯处工作服务 프런트데스크 업무 서비스

顾客 你好！能简单**地**①给我介绍一下你们酒店吗？
Nǐ hǎo! Néng jiǎndān de gěi wǒ jièshào yíxià nǐmen jiǔdiàn ma?

服务员 首先一楼到三楼各有餐厅、咖啡厅、酒吧和宴会厅。
Shǒuxiān yī lóu dào sān lóu gèyǒu cāntīng、kāfēitīng、jiǔbā hé yànhuìtīng.

四楼和五楼是康乐部，各有健身房、桑拿等设施。
Sì lóu hé wǔ lóu shì kānglèbù, gèyǒu jiànshēnfáng、sāngná děng shèshī.

顾客 **从**酒店**到**②机场大概需要多长时间？
Cóng jiǔdiàn dào jīchǎng dàgài xūyào duōcháng shíjiān?

服务员 不塞车的情况下是40分钟。
Bù sāichē de qíngkuàng xià shì sìshí fēnzhōng.

顾客 酒店有接机服务吗？
Jiǔdiàn yǒu jiējī fúwù ma?

服务员 接机大巴每隔两个小时运行**一次**③，是免费的。
Jiējī dàbā měi gé liǎng ge xiǎoshí yùnxíng yí cì, shì miǎnfèi de.

另外还有酒店专用车随时出发，但是要收费。
Lìngwài háiyǒu jiǔdiàn zhuānyòngchē suíshí chūfā, dànshì yào shōufèi.

실무회화 ②

🎧 06-2

● **酒店周围旅游景点介绍** 호텔 주변 관광지 소개

顾客 酒店周围有可以观光的地方吗?
Jiǔdiàn zhōuwéi yǒu kěyǐ guānguāng de dìfang ma?

服务员 景福宫、光化门、南山塔等都离② 我们酒店不太远。
Jǐngfúgōng、Guānghuàmén、Nánshāntǎ děng dōu lí wǒmen jiǔdiàn bútài yuǎn.

顾客 去南大门坐出租车大概需要多长时间?
Qù Nándàmén zuò chūzūchē dàgài xūyào duōcháng shíjiān?

服务员 20分钟左右。
Èrshí fēnzhōng zuǒyòu.

顾客 要想购物的话去哪里比较合适?
Yào xiǎng gòuwù de huà qù nǎ lǐ bǐjiào héshì?

服务员 要想逛韩国的传统市场,
Yào xiǎng guàng Hánguó de chuántǒng shìchǎng,

广藏市场和南大门市场都不错。
Guǎngcáng Shìchǎng hé Nándàmén Shìchǎng dōu búcuò.

您可以去那里逛逛④,边吃边购物。
Nín kěyǐ qù nà lǐ guàngguang, biān chī biān gòuwù.

顾客 要看表演什么的得去哪里?
Yào kàn biǎoyǎn shénme de děi qù nǎ lǐ?

服务员 明洞和东大门有时会搞活动,您可以去那里
Míngdòng hé Dōngdàmén yǒu shí huì gǎo huódòng, nín kěyǐ qù nà lǐ

看一下。
kàn yíxià.

새 단어

실무회화 ① 06-3

- 礼宾 lǐbīn　명 컨시어지(concierge)　동 예를 다해 손님을 접대하다
- 问讯处 wènxùnchù　명 프런트데스크
- 介绍 jièshào　동 소개하다. 추천하다
- 首先 shǒuxiān　부 가장 먼저. 맨 먼저. 우선
- 宴会厅 yànhuìtīng　명 연회홀. 연회장
- 康乐部 kānglèbù　명 헬스 센터. 피트니스 센터
- 健身房 jiànshēnfáng　명 헬스클럽
- 桑拿 sāngná　명 사우나
- 塞车 sāichē　동 차가 막히다
- 情况 qíngkuàng　명 상황. 정황. 사정
- 接机 jiējī　동 공항에 가서 마중하다
- 大巴 dàbā　명 대형버스
- 隔 gé　동 사이를 두다. 간격을 두다
- 运行 yùnxíng　동 (교통수단이) 운행하다
- 免费 miǎnfèi　동 돈을 받지 않다. 무료로 하다
- 另外 lìngwài　부 별도로. 따로
- 随时 suíshí　부 수시로. 언제나
- 收费 shōufèi　명 동 비용(을 받다). 유료(로 하다)

실무회화 ② 06-4

- 周围 zhōuwéi　명 주위. 주변
- 旅游 lǚyóu　동 여행하다. 관광하다
- 景点 jǐngdiǎn　명 경치가 좋은 곳. 명소
- 观光 guānguāng　동 관광하다. 참관하다
- 景福宫 Jǐngfúgōng　고유 경복궁
- 光化门 Guānghuàmén　고유 광화문
- 南山塔 Nánshāntǎ　고유 남산타워
- 南大门 Nándàmén　고유 남대문
- 左右 zuǒyòu　명 가량. 안팎. 내외
- 购物 gòuwù　동 물건을 구입하다
- 比较 bǐjiào　부 비교적. 상대적으로
- 合适 héshì　형 적당하다. 알맞다
- 逛 guàng　동 돌아다니다. 구경하다
- 传统市场 chuántǒng shìchǎng　명 전통시장
- 广藏市场 Guǎngcáng Shìchǎng　고유 광장시장
- 不错 búcuò　형 좋다. 괜찮다
- 表演 biǎoyǎn　동 공연하다. 연출하다
- 明洞 Míngdòng　고유 명동
- 东大门 Dōngdàmén　고유 동대문

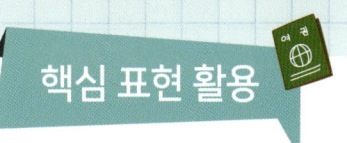

핵심 표현 활용

01 能简单地给我介绍一下你们酒店吗?

'地'는 단어나 구가 술어를 수식하는 부사어로 쓰일 때 사용되는 구조조사이다. '구조조사'란 문법적인 역할을 하는 조사로서 관형어와 중심어 사이에 오는 '的', 정도보어나 가능보어 구성 시 사용되는 '得' 등이 있다.

- 您要好好儿地看市内地图。 시내 지도를 잘 보셔야 해요.
- 您要订哪一天的"乱打秀"? '난타(공연)'는 어느 날로 예약하실 거예요?
- 希望您在我们酒店住得开心。 저희 호텔에서 즐거운 시간 보내시길 바랍니다.

활용 다음 중에서 적당한 어휘를 골라 문장을 완성하세요.

보기: 得, 的, 地

① 谢谢你（　　）热情服务。
② 我们正在紧张（　　）看韩国跟日本的足球比赛。
③ 这么多菜，你一个人吃（　　）了吗?

02 ① 从酒店到机场大概需要多长时间?
② 景福宫离我们酒店不太远。

'从A到B'는 'A로부터 B까지'의 의미로 기점과 종점을 나타내는 구문이다. 각각 별개로 사용할 수 있으며 장소와 시간을 모두 나타낼 수 있다. 한편, '离……'는 '~로부터'라는 뜻으로 두 지점 간의 시간, 공간의 차이를 나타낸다.

- 从这儿到仁寺洞打的需要二十分钟。 여기서 인사동까지 택시로 20분 걸려요.
- 从七月到八月是旅游旺季，所以最近旅客特别多。
  7월부터 8월까지가 여행 성수기라서 최근에 관광객이 특히 많아요.
- 南怡岛离首尔不远。 남이섬은 서울에서 멀지 않아요.

단어 乱打秀 Luàndǎxiù 명 난타쇼 | 热情 rèqíng 형 열정적이다 | 紧张 jǐnzhāng 형 긴장하다 | 仁寺洞 Rénsìdòng 고유 인사동 | 打的 dǎdī 동 택시를 타다 | 旺季 wàngjì 명 성수기 | 南怡岛 Nányídǎo 고유 남이섬

활용 정답 1. ① 的 ② 地 ③ 得

> **활용** 제시된 단어를 배열하여 알맞은 중국어로 말해 보세요.
>
> ① 到, 打车, 从, 那儿, 过去, 这儿, 不, 远
>   여기에서 그곳까지 택시 타고 가면 멀지 않아요.
>
>   → _____
>
> ② 时间, 从, 10点, 早餐, 7点, 到, 是   조찬 시간은 7시부터 10시까지예요.
>
>   → _____

03 接机大巴每隔两个小时运行一次，是免费的。

'一次'처럼 동작의 횟수를 나타내는 성분을 '동량보어'라고 한다. 목적어가 있는 경우 일반명사인지 대명사인지에 따라 어순 차이가 있다.

> 술어 + 동량보어 + 일반목적어 / 술어 + 대명사 목적어 + 동량보어

- 在首尔我坐过两次地铁。 서울에서 저는 전철을 두 번 타 봤어요.
- 我小的时候去过那儿一次。 저는 어렸을 때 그곳에 한 번 가본 적이 있어요.

한편, 목적어가 인명이나 지명인 경우는 동량보어가 목적어 앞뒤에 모두 올 수 있다. 그러나 목적어가 대명사일 경우에는 동량보어는 반드시 목적어 뒤에 와야 한다.

- 我去过釜山一次。 / 我去过一次釜山。 저는 부산에 한 번 가본 적이 있어요.
- 我见过他一次。 나는 그를 한 번 본 적이 있어요.

이 밖에 '遍'은 '처음부터 끝까지'라는 과정의 횟수를, '下'는 '짧은 시간의 동작'을, '声'은 '소리'의 횟수 등을 나타낸다.

단어 打车 dǎchē 동 택시를 타다 | 地铁 dìtiě 명 전철 | 釜山 Fǔshān 고유 부산 | 遍 biàn 양 번 | 找 zhǎo 동 찾다, (잔돈을) 거슬러주다 | 数 shǔ 동 세다 | 选 xuǎn 동 고르다 | 声 shēng 명 소리 | 骗 piàn 동 속이다

활용 정답 2. ① 从这儿到那儿打车过去不远。   ② 早餐时间是从7点到10点。 / 从7点到10点是早餐时间。

> **활용** 다음 중에서 적당한 어휘를 골라 문장을 완성하세요.
>
> > **보기** 次, 遍, 下, 声
>
> ① 这本小说我看了三（　）。
> ② 找你四十五块，请数一（　）。
> ③ 选好了以后，叫我一（　）。
> ④ 那个高中同学骗过我一（　）。

04 您可以去那里逛逛，边吃边购物。

동사를 중첩하면 '좀 ~하다'의 의미로 시간이 짧거나 동작이 가벼움, 시도 등을 나타낸다. 1음절 동사(A)는 AA의 형식으로, 2음절 동사(AB)는 ABAB의 형식으로 중첩한다.

- 你等等，我去帮你叫出租车。 좀 기다리세요. 제가 가서 택시를 불러드릴게요.
- 请你介绍介绍年轻人喜欢去玩儿的地方。 젊은이들이 놀러가기 좋아하는 곳을 좀 소개해주세요.

한편, 형용사의 중첩은 정도의 강조를 나타내며 2음절의 경우 AABB의 형식이며, 이 때는 '很', '非常', '太' 등의 수식을 받을 수 없다.

- 我急急忙忙地跑出来，把接驳车的时间表忘在房间里了。
  제가 급하게 뛰어나오느라 셔틀버스 시간표를 방에 두고 왔어요.

> **활용** 다음 문장 중 올바르게 쓰인 문장을 모두 고르시오. (　)
>
> ① 周末我一般在家里看看电视，做做家务。
> ② 我们去图书馆复习复习吧。
> ③ 她长得非常漂漂亮亮的。
> ④ 她说得清清楚楚的，不用再解释。

단어 出租车 chūzūchē 명 택시 | 急急忙忙 jíjímángmáng 다급한 모양 | 接驳车 jiēbóchē 명 셔틀버스 | 忘 wàng 동 잊다 | 家务 jiāwù 명 가사 | 长 zhǎng 동 생기다 | 清楚 qīngchu 형 분명하다 | 解释 jiěshì 동 설명하다

활용 정답 3. ① 遍 ② 下 ③ 声 ④ 次   4. ①, ②, ④

연습문제

01 아래 빈칸에 들어갈 알맞은 표현을 넣어 대화를 완성해 보세요.

> 顾客   从酒店到机场大概需要＿＿＿＿？
>
> 服务员   ＿＿＿＿的情况下是40分钟。
>
> 顾客   酒店有＿＿＿＿服务吗?
>
> 服务员   接机大巴＿＿＿＿两个小时运行一次。
>
> 顾客   要想购物的话去哪里＿＿＿＿合适?
>
> 服务员   要想逛韩国的传统市场，广藏市场和南大门市场都＿＿＿＿。
>
> 顾客   要看表演＿＿＿＿得去哪里?
>
> 服务员   明洞和东大门有时会搞活动，您可以去那里看一下。

02 다음 보기를 참조하여 그림과 알맞은 상황을 중국어로 표현해 보세요.

실력 보태기

🎧 06-5

🎵 회화로 배운 내용을 서술문으로 익혀본 후 확인문제를 풀어보세요.

　　问讯处工作人员要礼貌接待每位客人，一般能为客人提供问询、留言、代办等各项服务。要及时、准确地给客人满意的答复。能熟练地用外语解答外宾提问，用外语做主要交通、旅游景点、酒店服务设施、服务时间的介绍。

> **Check!**
> 위의 서술문과 다음 문장의 내용이 일치하면 O, 일치하지 않으면 X 표시를 하시오.
>
> ① 问讯处工作人员会给客人提供留言、代办服务。　　　　（　）
> ② 问讯处工作人员给客人提供问询答复时要及时、准确。　（　）

단어

☐ 礼貌 lǐmào	명 예의. 예의범절	☐ 答复 dáfù	명·동 회답(하다). 답변(하다)
☐ 问询 wènxún	동 묻다. 문의하다	☐ 熟练 shúliàn	형 능숙하다. 숙련되어 있다
☐ 留言 liúyán	동 말을 남기다. 메모를 남기다	☐ 解答 jiědá	동 해답하다
☐ 代办 dàibàn	동 대행하다. 대신 처리하다	☐ 外宾 wàibīn	명 외빈
☐ 及时 jíshí	부 즉시. 곧바로. 신속히	☐ 提问 tíwèn	명·동 질문(하다)
☐ 准确 zhǔnquè	형 확실하다. 정확하다	☐ 主要 zhǔyào	형 주요한. 주된
☐ 满意 mǎnyì	형 만족하다. 흡족하다	☐ 设施 shèshī	명 시설

Check! 정답　① O　② O

第七课
酒店商品销售
호텔 상품 판매

학습목표
1. 고객의 선호도와 취향을 고려하여 상품을 추천할 수 있다.
2. 고객의 구매 품목에 따라 정확히 계산할 수 있다.

미리 알아두기

델리 숍은 일반적으로 호텔에서 수작업으로 만드는 제과, 제빵, 케이크, 샌드위치, 초콜릿, 육가공(햄, 소시지, 및 기타) 및 해산물 가공(연어 및 기타) 상품들과 커피, 티, 와인, 선물용품, 액세서리, 기타 상품 등을 판매한다. 델리 숍의 판매 상품 시장조사는 과거와 현재에서 판매되고 있는 상품들의 현황에 대한 조사 및 분석을 바탕으로 예측 가능한 새로운 상품을 선정 및 구성하고자 하는 미래 지향적인 마케팅 활동을 말한다. 상품 기획 개발을 위한 의사 결정을 위해서는 정보를 수집 및 구별하고 다양한 상품의 유통 단가 자료를 체계적으로 분석하여 객관적인 판매 전략을 수립하는 것을 판매 상품 선정의 첫 단계라고 정의할 수 있다. (참고: 신상헌, 2006)

> NCS 03. 부대시설 관리   4. 델리 숍 관리   2-3 상품의 추천 및 판매

1 상품 추천
> NCS 03. 부대시설 관리
> 4. 델리 숍 관리
> 2-3 상품의 추천 및 판매

따뜻한 미소로 고객을 응대하며 고객이 편안하게 쇼핑할 수 있도록 분위기를 유도한다. 요청에 따른 상품 추천을 할 수 있도록 각 상품의 특성과 가격을 충분히 숙지하여야 하며, 고객의 요청이 있거나 고객이 망설이는 경우 상황에 맞게 적절한 상품을 고객에게 설명하고 추천한다.

2 고객 응대 기본 매뉴얼
> NCS 03. 부대시설 관리
> 4. 델리 숍 관리
> 2-3 상품의 추천 및 판매

(1) 고객이 입장했을 때에는 보통례(각도 30도)로 밝은 미소를 띠며 한걸음 앞으로 나와 밝은 미소로 인사를 드린다.
(2) 고객이 주변을 서성이면 즉시 필요한 사항이 무엇인지 예의 바르게 물어본다.
(3) 고객이 물건을 고르고 있을 때 사용 용도와 목적을 확인한 후 적절한 상품을 추천한다.
(4) 상품 추천은 가급적 필요 이상으로 길게 설명을 하지 않으며 고가품과 일반적인 상품도 아울러 추천을 한다.
(5) 고객이 상품을 선정하면 부가적인 상품을 아울러 추천한다. 단, 추가 상품에 대해서 길게 설명하지 않는다.

3 고객 응대 주의 사항
> NCS 03. 부대시설 관리
> 4. 델리 숍 관리
> 2-3 상품의 추천 및 판매

(1) 상품을 추천할 때는 고객의 측면이나 약간 뒤쪽에서 상품을 설명하고 보통 속도와 톤의 목소리로 말한다.
(2) 고객이 쇼핑 중일 때 방해가 되지 않도록 잡담이나 사적인 행동을 하지 않는다.
(3) 고객을 힐끗 쳐다보거나 손가락으로 상품을 가리키지 않는다.

실무회화 ①

🎧 07-1

● **礼品销售** 선물 판매

服务员　欢迎光临！请进！有什么需要帮忙①的吗？
Huānyíng guānglín! Qǐng jìn! Yǒu shénme xūyào bāngmáng de ma?

顾客　我想买一个韩国传统礼品。
Wǒ xiǎng mǎi yí ge Hánguó chuántǒng lǐpǐn.

服务员　您是送礼，还是自己用呢？
Nín shì sònglǐ, háishi zìjǐ yòng ne?

顾客　我想送给国外的一个朋友，作为生日礼物。
Wǒ xiǎng sònggěi guówài de yí ge péngyou, zuòwéi shēngrì lǐwù.

服务员　您看这个珠宝盒如何？
Nín kàn zhè ge zhūbǎohé rúhé?

顾客　这是手工制作的吗？
Zhè shì shǒugōng zhìzuò de ma?

服务员　这个珠宝盒是用天然贝壳做的手工艺品，
Zhè ge zhūbǎohé shì yòng tiānrán bèiké zuò de shǒugōngyìpǐn,

很受外国人欢迎。
hěn shòu wàiguórén huānyíng.

顾客　麻烦你再给我推荐一个适合②送男士的。
Máfan nǐ zài gěi wǒ tuījiàn yí ge shìhé sòng nánshì de.

실무회화 ② 07-2

● 化妆品销售 화장품 판매

服务员 您好! 有什么需要帮忙①的吗?
Nín hǎo! Yǒu shénme xūyào bāngmáng de ma?

顾客 我的皮肤有点儿干燥,
Wǒ de pífū yǒu diǎnr gānzào,

能给我推荐一个润肤霜吗?
néng gěi wǒ tuījiàn yí ge rùnfūshuāng ma?

服务员 这个润肤霜既能保湿,又能防皱。
Zhè ge rùnfūshuāng jì néng bǎoshī, yòu néng fángzhòu.

您可以拿出来③试一下。
Nín kěyǐ náchūlái shì yíxià.

顾客 好像很滋润,手感也不错。就要这个吧。
Hǎoxiàng hěn zīrùn, shǒugǎn yě búcuò. Jiùyào zhè ge ba.

这个面膜看起来很不错。
Zhè ge miànmó kànqǐlái hěn búcuò.

服务员 这个产品我们卖得④很好,对皮肤有美白、
Zhè ge chǎnpǐn wǒmen mài de hěn hǎo, duì pífū yǒu měibái、

补水等良好的功效。
bǔshuǐ děng liánghǎo de gōngxiào.

顾客 十张一套,对吧? 给我拿三套吧。
Shí zhāng yí tào, duì ba? Gěi wǒ ná sān tào ba.

服务员 好的,请到这边来结账。麻烦您请在这里签字。
Hǎo de, qǐng dào zhèbiān lái jiézhàng. Máfan nín qǐng zài zhè li qiānzì.

새 단어

실무회화 ① 🎧 07-3

- 销售 xiāoshòu　[명][동] 판매(하다)
- 礼品 lǐpǐn　[명] 선물
- 帮忙 bāngmáng　[동] 일을 돕다. 도움을 주다
- 传统 chuántǒng　[명] 전통
- 送礼 sònglǐ　[동] 선물을 주다
- 珠宝盒 zhūbǎohé　[명] 보석함
- 如何 rúhé　[대] 어떠한가. 어떤
- 手工制作 shǒugōng zhìzuò　[동] 손으로 제조하다
- 天然贝壳 tiānrán bèiké　[명] 천연 자개
- 手工艺品 shǒugōngyìpǐn　[명] 수공예품
- 麻烦 máfan　[동] 귀찮게 하다. 부담을 주다
- 推荐 tuījiàn　[동] 추천하다. 천거하다
- 适合 shìhé　[동] 알맞다. 적절하다
- 男士 nánshì　[명] 남성분. 신사

실무회화 ② 🎧 07-4

- 化妆品 huàzhuāngpǐn　[명] 화장품
- 皮肤 pífū　[명] 피부
- 干燥 gānzào　[형] 건조하다
- 润肤霜 rùnfūshuāng　[명] 수분크림
- 保湿 bǎoshī　[동] 보습하다
- 防皱 fángzhòu　[동] 주름살을 방지하다
- 试 shì　[동] 테스트하다. 체험하다
- 滋润 zīrùn　[형] 촉촉하다
- 手感 shǒugǎn　[명] 촉감
- 面膜 miànmó　[명] 마사지 팩
- 美白 měibái　[명] 미백
- 补水 bǔshuǐ　[명] 수분 공급
- 良好 liánghǎo　[형] 좋다
- 功效 gōngxiào　[명] 효과
- 套 tào　[양] 벌. 조. 세트. 질
- 结账 jiézhàng　[동] 계산하다
- 签字 qiānzì　[동] 서명하다. 사인하다

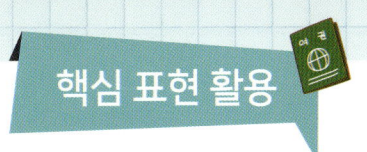

핵심 표현 활용

01 有什么需要帮忙的吗?

'帮忙'은 '동사 + 목적어' 구조로 되어 있는 '이합사(离合词)'인데, 이는 분리되어 쓰이기도 하고, 합쳐서 하나로 쓰이기도 하는 단어를 말한다. 결과보어, 시간보어, 동태조사 등은 동사 뒤에 위치하고, 중첩 형식은 동사만 중첩하여 AAB 형식으로 쓴다.
이합사에는 '见面', '生气', '散步', '睡觉', '结婚', '毕业', '起床', '游泳', '洗澡', '照相' 등이 있으며, 뒤에 다른 목적어를 취할 수 없으므로 의미상의 목적어는 전치사와 함께 이합사 앞에 쓴다.

- 我们好象见过面。 우리 만난 적이 있는 것 같아요.
- 这个数码相机是最新型的，我们来照照相吧。
  이 디지털카메라는 최신형이야. 우리 좀 찍어보자.

> **활용** 이합사가 옳게 사용된 문장을 모두 골라보세요. (　　　)
>
> ① 我洗澡完了。　　　　② 他结婚了跟一个高中同学。
> ③ 你游泳游得怎么样?　④ 他常常跟我生气。

02 麻烦你再给我推荐一个适合送男士的。

'适合'는 '적합하다, 알맞다'의 의미로 어떤 조건이나 요구에 부합됨을 나타내는 동사로 목적어를 취할 수 있다. 반면, '合适'는 비슷한 의미이나 형용사로서 목적어를 취할 수 없다.

- 这种款式很适合您的气质。 이런 스타일이 당신 분위기에 어울려요.
- 如果不合适，能不能退货? 만약에 적합하지 않으면 환불할 수 있나요?

단어 见面 jiànmiàn 동 만나다 | 散步 sànbù 동 산책하다 | 结婚 jiéhūn 명동 결혼(하다) | 毕业 bìyè 동 졸업하다 | 起床 qǐchuáng 동 기상하다 | 游泳 yóuyǒng 동 수영하다 | 洗澡 xǐzǎo 동 목욕하다 | 照相 zhàoxiàng 동 사진 찍다 | 数码相机 shùmǎxiàngjī 명 디지털카메라 | 新型 xīnxíng 형 신형의 | 款式 kuǎnshi 명 스타일 | 气质 qìzhì 명 기질 | 退货 tuìhuò 동 반품하다

활용 정답 1. ③, ④

> **활용** '适合', '合适' 중에서 골라 알맞은 문장을 완성하세요.
>
> ① 这么晚去老师的家不太（　　　）吧。
> ② 这本小说很（　　　）外国学生学习汉语。

03 您可以拿出来试一下。

예문의 '出来'는 술어 뒤에서 이동의 방향을 보충 설명하는 '방향보어'이다. 동사 뒤에 1음절 '来, 去, 下, 进, 出' 등이 보어인 경우는 '단순방향보어'라고 하고, 2음절의 방향 동사가 다른 동사의 보어로 사용된 경우는 '복합방향보어'라고 한다. '来', '去'가 사용되는 경우 장소를 나타내는 목적어는 반드시 그 앞에 위치해야 한다.

- 你们进来吧，里面也有很多漂亮的衣服。 들어오세요. 안에도 예쁜 옷이 많아요.
- 我们上楼去看看吧。 우리 윗층에 올라가서 좀 보자.

> **활용** 다음 제시된 단어를 배열하여 알맞은 중국어로 말해 보세요.
>
> ① 回家, 都, 了, 大家, 已经, 去　모두들 다 이미 집으로 돌아갔다.
> →　_____
>
> ② 走, 他, 进, 房间, 去, 了　그가 방으로 걸어 들어갔다.
> →　_____

단어 走 zǒu 동 걷다. 가다

활용 정답 2. ① 合适　② 适合　3. ① 大家都已经回家去了。　② 他走进房间去了。

04 这个产品我们卖得很好。

'술어(동사/형용사) + 得 + 정도보어'의 형식은 술어의 정도나 상태를 나타내는 정도보어 구문이다. 부정문은 정도보어를 부정하여 표현하고, 목적어가 있는 경우는 다음과 같은 어순으로 쓴다.

> ① 술어 + 목적어 + 술어 + 得 + 정도보어
> ② 목적어 + 술어 + 得 + 정도보어

- 在弘大附近我们吃得很好，喝得很好，玩儿得也挺开心。
  홍대 근처에서 우리 잘 먹고, 잘 마시고, 정말 재밌게 놀았어요.

- 明洞那儿的商人汉语说得真棒！ 명동의 상인들은 중국어를 정말 잘해요.
  = 明洞那儿的商人说汉语说得真棒！

활용 다음 어순이 잘못된 문장을 바르게 고쳐보세요.

① 早上好，昨晚你们休息好得吗?

→ _____

② 昨天晚上我不睡得好。

→ _____

③ 我打网球得不错。

→ _____

단어 弘大 Hóng Dà [고유] 홍대 | 附近 fùjìn [명] 부근 | 开心 kāixīn [형] 즐겁다 | 商人 shāngrén [명] 상인 | 棒 bàng [형] 좋다, 훌륭하다 | 打网球 dǎ wǎngqiú 테니스를 하다

활용 정답 4. ① 早上好，昨晚你们休息得好吗? ② 昨天晚上我睡得不好。 ③ 我打网球打得不错。/ 我网球打得不错。

第七课 酒店商品销售

연습문제

01 아래 빈칸에 들어갈 알맞은 표현을 넣어 대화를 완성해 보세요.

服务员　_____！请进！有什么需要帮忙的吗？

顾客　　我想买_____。

服务员　您是_____，还是_____呢？

顾客　　我想送给朋友，_____生日礼物。

服务员　这个润肤霜既_____，又_____。

顾客　　我可以拿出来____一下吗？

服务员　可以。这个产品对皮肤有_____、_____等良好的功效。

顾客　　给我____一套吧。

02 다음 보기를 참조하여 그림과 알맞은 상황을 중국어로 표현해 보세요.

① 보기　送礼 / 自己用

② 보기　很受…欢迎

③ 보기　既…又…

④ 보기　麻烦您

실력 보태기

🎵 07-5

🎵 회화로 배운 내용을 서술문으로 익혀본 후 확인문제를 풀어보세요.

　　售货员说话要礼貌周到，要区别对象，注意顾客的风俗习惯，对客人的疑问要有问必答。不与顾客争吵，以免引起误解，造成不良影响。商品出售后必要时向客人提供各项售后服务，以便提高服务质量，保持销售水平。

> **Check!**
> 위의 서술문과 다음 문장의 내용이 일치하면 O, 일치하지 않으면 X 표시를 하시오.
>
> ① 售货员要区别对象，也要注意顾客的风俗习惯。　　　（　）
> ② 售货员不能与客人争吵。　　　　　　　　　　　　（　）
> ③ 售后服务与服务质量和销售水平没有任何关系。　　　（　）

단어

□ 售货员 shòuhuòyuán	명 판매원. 점원	□ 误解 wùjiě	명 동 오해(하다)
□ 周到 zhōudào	형 세심하다. 치밀하다	□ 造成 zàochéng	동 형성하다
□ 区别 qūbié	동 구별하다. 나누다	□ 不良 bùliáng	형 좋지 않다
□ 风俗 fēngsú	명 풍속	□ 影响 yǐngxiǎng	동 영향을 주다
□ 习惯 xíguàn	명 습관. 습성	□ 出售 chūshòu	동 팔다. 판매하다
□ 疑问 yíwèn	명 의문. 의혹	□ 售后 shòuhòu	명 애프터(서비스)
□ 争吵 zhēngchǎo	동 말다툼하다	□ 必要 bìyào	명 형 필요(로 하다)
□ 以免 yǐmiǎn	접 ~하지 않도록. ~않기 위해서	□ 保持 bǎochí	동 유지하다. 지키다
□ 引起 yǐnqǐ	동 주의를 끌다. 야기하다	□ 水平 shuǐpíng	명 수준

Check! 정답　① O　② O　③ X

第七课　酒店商品销售

第八课
休闲设施服务
레저 시설 서비스

학습목표
1. 고객에게 사우나 및 피트니스 시설 이용에 대한 설명을 할 수 있다.
2. 피트니스 신규 회원에게 회원 카드를 발급할 수 있다.

미리 알아두기

호텔의 피트니스 센터는 고객의 여가 활용 및 건강 증진을 위하여 각종 레저·스포츠 시설을 제공하는 호텔의 대표적인 부대업장이다. 호텔 피트니스 센터의 주 이용객은 호텔의 객실을 이용하는 투숙객과 회원제 고객으로 구분할 수 있다. 호텔의 피트니스 센터에서는 호텔의 멤버십 제도와는 별개의 피트니스 센터 회원 제도를 운영하고 있다. NCS 03. 부대시설 관리 9. 피트니스 센터 회원 관리

1 호텔 피트니스 센터의 시설

NCS 03. 부대시설 관리
9. 피트니스 센터 회원 관리
3-1 피트니스 센터 운영 정보의 제공

피트니스 센터는 호텔의 규모에 따라 조금씩 차이가 있지만 체련장(Gymnasium), 실내·외 수영장(Indoor/Outdoor Swimming Pool), 에어로빅 룸(Aerobics Room), 실내 코트(스쿼시(Squash)·라켓볼(Racket Ball) 등의 코트), 실내 골프 연습장(Indoor Golf Range), 사우나·스파(Sauna·Spa), 클리닉 룸(Clinic Room, 각종 상비약 및 자동 혈압기, 맥박 측정기, 심전도 측정기, 자동 폐활량기 등 첨단 건강 측정기기 비치), 피트니스 센터 내 라운지(운동 전후에 간단한 음료나 음식을 먹을 수 있게 준비되어 있는 부속 업장) 등을 갖추고 있으며, 회원 관리를 전담하는 사무실을 두고 있다. (참고: 이순구·박미선, 2012)

2 호텔 피트니스 센터 회원의 종류
(참고: 서종구, 2009)

NCS 03. 부대시설 관리
9. 피트니스 센터 회원 관리
1-1 회원 모집을 위한 공고 작성

(1) 개인 회원

피트니스 센터의 정회원에 해당하며, 회원 수의 구성 비율에서 가장 많은 부분을 차지하는 회원이다. 대부분의 호텔들은 21세 이상 등 일정 연령 이상의 남녀 개인을 회원으로 모집하고 있다. 다른 종류의 회원에 비해 회원가가 다소 비싸게 책정되어 있다.

(2) 가족 회원(부부 회원)

개인 회원에 배우자나 자녀가 추가되는 회원으로 개인 회원에 비해 보증금이나 연회비가 비교적 낮은 가격대에서 형성된다. 자녀의 경우 20세 미만의 미혼 자녀로 그 이상의 나이가 되면 개인 회원으로 등록하여야 한다.

(3) 법인 회원

기업이나 단체 등의 법인체를 대상으로 하는 회원의 형태로 주로 법인 회원의 경우에는 회사의 대표이사나 임원급에서 주로 가입이 이루어진다. 보통 2인 이상 4인 이하의 직원으로 구성되며, 가입 시에는 사업자등록증 등의 서류가 추가로 요구된다.

(4) 연회원(Annual Member)

개인이나 가족, 법인 회원과는 다르게 보증금 없이 1년 단위로 연회비만 납부하고 피트니스 센터를 이용하는 회원이다.

실무회화 ① 🎧 08-1

● **桑拿服务工作** 사우나 서비스 업무

服务员　早上好！您目前住我们酒店吗?
　　　　Zǎoshang hǎo! Nín mùqián zhù wǒmen jiǔdiàn ma?

顾客　　是的，我昨天刚入住。
　　　　Shì de, wǒ zuótiān gāng rùzhù.

服务员　**只要**是我们酒店住宿的顾客，**就**[①]可以免费享受
　　　　Zhǐyào shì wǒmen jiǔdiàn zhùsù de gùkè, jiù kěyǐ miǎnfèi xiǎngshòu
　　　　桑拿。请问您的房间号码是多少?
　　　　sāngná. Qǐngwèn nín de fángjiān hàomǎ shì duōshao?

顾客　　602。
　　　　Liù líng èr.

服务员　请出示一下您的房卡。
　　　　Qǐng chūshì yíxià nín de fángkǎ.
　　　　好了，这是您的汗蒸服和浴巾。
　　　　Hǎo le, zhè shì nín de hànzhēngfú hé yùjīn.

顾客　　里面有淋浴室吗?
　　　　Lǐmiàn yǒu línyùshì ma?

服务员　是的，淋浴室里面**不仅**有牙刷牙膏，**而且**[②]还有
　　　　Shì de, línyùshì lǐmiàn bùjǐn yǒu yáshuā yágāo, érqiě háiyǒu
　　　　洗发精和沐浴露等洗浴用品，都是免费的。
　　　　xǐfàjīng hé mùyùlù děng xǐyù yòngpǐn, dōu shì miǎnfèi de.

顾客　　哦，谢谢。
　　　　Ò, xièxie.

실무회화 ② 08-2

● **健身房服务工作** 헬스클럽 서비스 업무

顾客　你好，我想办健身卡，现在可以直接办吗?
　　　Nǐ hǎo, wǒ xiǎng bàn jiànshēnkǎ, xiànzài kěyǐ zhíjiē bàn ma?

服务员　请问您目前住我们酒店吗?
　　　　Qǐngwèn nín mùqián zhù wǒmen jiǔdiàn ma?

顾客　现在不住，但是以前住过③。
　　　Xiànzài bú zhù, dànshì yǐqián zhùguo.

服务员　我们会立刻给您发放会员卡的。
　　　　Wǒmen huì lìkè gěi nín fāfàng huìyuánkǎ de.
　　　　请先填好这张会员申请表，然后④您就可以直接
　　　　Qǐng xiān tiánhǎo zhè zhāng huìyuán shēnqǐngbiǎo, ránhòu nín jiù kěyǐ zhíjiē
　　　　健身了。
　　　　jiànshēn le.

顾客　可以租借运动服吗?
　　　Kěyǐ zūjiè yùndòngfú ma?

服务员　可以，这张是我们健身房为您提供的租借商品
　　　　Kěyǐ, zhè zhāng shì wǒmen jiànshēnfáng wèi nín tígōng de zūjiè shāngpǐn
　　　　目录及价格表。
　　　　mùlù jí jiàgébiǎo.

顾客　有个人物品保管箱吗?
　　　Yǒu gèrén wùpǐn bǎoguǎnxiāng ma?

服务员　有，在更衣室的旁边。淋浴室在更衣室的内侧。
　　　　Yǒu, zài gēngyīshì de pángbiān. Línyùshì zài gēngyīshì de nèicè.

第八课 休闲设施服务 83

새 단어

실무회화 ① 08-3

- 休闲 xiūxián 명 동 레저 활동(을 하다). 휴식·오락 활동(을 즐기다)
- 设施 shèshī 명 시설
- 桑拿 sāngná 명 사우나
- 目前 mùqián 명 현재
- 刚 gāng 부 막. 바로
- 入住 rùzhù 동 입주하다. 숙박하다
- 住宿 zhùsù 동 묵다. 숙박하다
- 免费 miǎnfèi 동 돈을 받지 않다. 무료로 하다
- 享受 xiǎngshòu 동 누리다. 즐기다
- 汗蒸服 hànzhēngfú 명 찜질복
- 浴巾 yùjīn 명 목욕 수건
- 淋浴室 línyùshì 명 샤워실
- 不仅 bùjǐn 접 ~뿐만 아니라
- 牙刷 yáshuā 명 칫솔
- 牙膏 yágāo 명 치약
- 洗发精 xǐfàjīng 명 샴푸
- 沐浴露 mùyùlù 명 보디클렌져
- 洗浴用品 xǐyù yòngpǐn 명 목욕용품

실무회화 ② 08-4

- 健身房 jiànshēnfáng 명 헬스클럽
- 办 bàn 동 준비하다. 처리하다
- 立刻 lìkè 부 즉시. 곧
- 发放 fāfàng 동 발급하다. 지급하다
- 会员卡 huìyuánkǎ 명 멤버십 카드
- 填 tián 동 기입하다. 채우다
- 申请表 shēnqǐngbiǎo 명 신청서
- 然后 ránhòu 접 그 후에
- 提供 tígōng 동 제공하다. 공급하다
- 租借 zūjiè 동 빌려주다
- 目录 mùlù 명 목록
- 价格表 jiàgébiǎo 명 가격표
- 保管箱 bǎoguǎnxiāng 명 보관함. 사물함
- 更衣室 gēngyīshì 명 탈의실
- 内侧 nèicè 명 안쪽

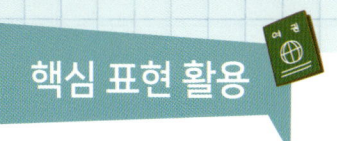

핵심 표현 활용

01 只要是我们酒店住宿的顾客，就可以免费享受桑拿。

'只要A就B'는 'A하기만 하면 B한다'라는 의미로 어떤 조건이 충족되면 일정한 결과를 얻을 수 있음을 나타내는 구문이다. 반면 '只有'는 '오직 A해야만 반드시 B한다'의 의미로 어떤 필수적인 조건이 충족되어야 함을 나타내므로 대개 부사 '才'와 호응한다.

- 你只要继续练瑜伽，就能保持苗条的身材。
  요가를 계속 하면 날씬한 몸매를 유지할 수 있어요.

- 你只有亲自运动，才能体会运动的乐趣。
  직접 운동을 해야만 비로소 운동의 즐거움을 느낄 수 있어요.

> **활용** 다음 보기 중에서 다음 문장을 완성할 수 있는 적당한 표현을 고르세요. (　　)
>
> 보기　(　　) 你努力 (　　) 能成功。
>
> ① 如果，就　　② 一，就　　③ 只要，就　　④ 就要，了

02 淋浴室里面不仅有牙刷牙膏，而且还有洗发精和沐浴露等洗浴用品，……。

'不仅A而且B'는 'A일 뿐 아니라 B이다'라는 점층 의미를 나타내는 접속사로서 '不但A而且B'와 같은 의미이고, 뒷절에 '也', '还' 등과 함께 쓰일 수 있다.

- 锻炼身体不仅能减肥，而且还可以消除生活上的压力。
  운동은 다이어트를 할 수 있을 뿐 아니라 생활의 스트레스를 해소할 수 있어요.

- 这个健身中心不但年轻人多，而且有很多年纪大的人。
  이 헬스클럽에는 젊은 사람이 많을 뿐 아니라 나이 드신 분들도 많아요.

> **단어** 继续 jìxù 동 계속하다 | 瑜伽 yújiā 명 요가 | 保持 bǎochí 동 유지하다 | 苗条 miáotiao 형 날씬하다 | 身材 shēncái 명 몸매 | 亲自 qīnzì 부 직접 | 体会 tǐhuì 동 체득하다 | 乐趣 lèqù 명 즐거움 | 成功 chénggōng 동 성공하다 | 减肥 jiǎnféi 동 다이어트하다 | 消除 xiāochú 동 해소하다 | 压力 yālì 명 스트레스 | 健身中心 jiànshēn zhōngxīn 명 헬스클럽 | 年轻 niánqīng 형 젊다 | 年纪 niánjì 명 나이

활용 정답 1. ③

> **활용** 다음 문장에서 '不仅'과 '而且'의 올바른 위치를 찾아 V 표시를 하세요.
>
> ① ① 我 ② 想吃中国菜，③ 金老师 ④ 也想吃中国菜。
> ② ① 我妈妈 ② 会做菜，③ 还做得 ④ 非常好吃。

03 现在不住，但是以前住过。

'过'는 '~한 적이 있다'의 의미로 경험을 나타내는 동태조사이며 '동사 + 过'의 형식으로 사용된다. 부정은 '没有 + 동사 + 过'의 형식으로 나타내고, 의문은 '동사 + 过 + 吗? / 동사 + 过 + 没有?' 의 형식으로 나타낸다.

- 我学过打篮球。 저는 농구하는 것을 배운 적이 있어요.
- 我没练过瑜伽。 저는 요가를 한 적이 없어요.
- 你学过高尔夫球没有? 골프 치는 것을 배운 적이 있나요?

> **활용** 다음 중 표현이 옳은 것을 모두 고르세요. (　　　)
>
> ① 我在首尔生活过，在那里住了两年。
> ② 这本小说我不看过。
> ③ 你做的菜，我还没吃过。
> ④ 你说过假话没有?

단어 篮球 lánqiú 명 농구 | 假话 jiǎhuà 명 거짓말

활용 정답 2. ① ① 不仅, ③ 而且　② ② 不仅, ③ 而且　3. ①, ③, ④

핵심 표현 활용

04 请先填好这张会员申请表，然后您就可以直接健身了。

'先A然后B'는 '먼저 A하고, 그 이후에 B하다'의 의미로 동작의 선후관계를 나타내는 구문이다. '先A再B'나 '先A然后再B'의 형식으로 표현하기도 한다.

- 先输入你的个人信息，然后键入地址，你就能登录网站。
  먼저 당신의 개인 정보를 입력하고, 그 후에 주소를 입력하면 사이트에 로그인할 수 있어요.

- 您先换衣服，然后称一称体重。 먼저 옷을 갈아입으시고, 체중을 재어보시죠.

> **활용** 다음 제시된 단어와 '先A然后B' 문형을 활용하여 문장을 완성하세요.
>
> ① 去吃饭，去看电影
>   → _____
>
> ② 听大家的意见，进行讨论
>   → _____

단어 输入 shūrù 동 입력하다 | 信息 xìnxī 명 정보 | 键入 jiànrù 동 (키보드를 쳐서) 입력하다 | 地址 dìzhǐ 명 주소 | 登录 dēnglù 동 등록하다, 로그인하다 | 网站 wǎngzhàn 명 웹사이트 | 称 chēng 동 측정하다 | 体重 tǐzhòng 명 체중 | 意见 yìjiàn 명 의견 | 进行 jìnxíng 동 진행하다 | 讨论 tǎolùn 동 토론하다

활용 정답 4. ① 你们先去吃饭，然后去看电影吧。 ② 我们先听大家的意见，然后再进行讨论吧。

第八课 休闲设施服务

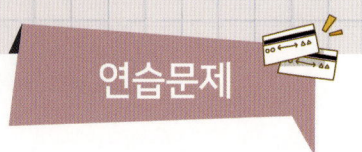

연습문제

01 아래 빈칸에 들어갈 알맞은 표현을 넣어 대화를 완성해 보세요.

> 顾客　　我想办_____。
>
> 服务员　请问您目前_____我们酒店吗?
>
> 顾客　　不是。
>
> 服务员　麻烦您先填好这张_____。
>
> 顾客　　可以_____运动服吗?
>
> 服务员　是的。这是我们健身房为您提供的_____。
>
> 顾客　　有个人物品_____吗?
>
> 服务员　有，在_____的旁边。

02 다음 보기를 참조하여 그림과 알맞은 상황을 중국어로 표현해 보세요.

① 보기　只要…就…

② 보기　这是您的…

③ 보기　请…填好…

④ 보기　淋浴室 / 更衣室

실력 보태기

🎧 08-5

🎵 회화로 배운 내용을 서술문으로 익혀본 후 확인문제를 풀어보세요.

　　汗蒸房和健身房服务台工作人员给客人办理会员卡时要询问客人是否租借酒店提供的物品；例如，运动服、毛巾、洗浴用品等。为初来的客人指示更衣室的位置，引领客人进入场地。主动向客人介绍各种设施和使用方法。

Check!
위의 서술문과 다음 문장의 내용이 일치하면 O, 일치하지 않으면 X 표시를 하시오.

① 酒店不能给客人租借任何物品。　　　　　　　　　　　　　(　　)
② 服务员要征询客人是否要租借酒店提供的物品。　　　　　　(　　)
③ 必须要让客人自己进入健身场地。　　　　　　　　　　　　(　　)

단어
- ☐ 汗蒸房 hànzhēngfáng 　명 찜질방
- ☐ 办理 bànlǐ 　동 처리하다
- ☐ 例如 lìrú 　동 예를 들다. 예를 들면. 예컨대
- ☐ 毛巾 máojīn 　명 수건
- ☐ 指示 zhǐshì 　동 가리키다. 지시하다
- ☐ 引领 yǐnlǐng 　동 이끌다. 인솔하다
- ☐ 入场 rùchǎng 　동 입장하다
- ☐ 设施 shèshī 　명 시설
- ☐ 征询 zhēngxún 　동 (의견을) 구하다

Check! 정답　① X　② O　③ X

第八课　休闲设施服务

第九课
客房安排

객실 배정

학습목표
1. 고객의 요구 사항에 적합한 객실의 유무를 확인할 수 있다.
2. 고객의 요청 사항에 따라 객실을 배정할 수 있다.
3. 객실 추가 서비스에 요구되는 금액을 설명할 수 있다.

미리 알아두기

객실 예약 접수란 객실 및 부대시설 이용정보 파악, 예약 현황 및 고객 이력 확인, 예약 관련 자료 작성 및 변경을 처리하는 능력으로, 이 능력단위에서는 객실 상품과 객실 요금의 종류를 이해하고 객실 배정을 할 줄 알아야 한다. NCS 02. 객실 관리 1. 객실 예약 접수

1 객실 상품 및 객실 요금의 이해

NCS 02. 객실 관리
1. 객실 예약 접수
1-1 객실 상품의 종류 및 요금 제도

프런트데스크에서는 호텔의 객실 유형(위치, 평수, 객실 타입 등)에 따라 객실 및 부대시설 정보를 구분하고, 객실 요금 종류(공표 요금, 특별 요금, 계약 요금 등)에 따라 마켓별 요금을 적용할 수 있도록 해야 한다.

※ 수행 순서

(1) 객실 현황표와 배치도를 보고 객실의 위치, 객실 수를 숙지한다. 고객 예약전화 응대 시 고객의 요청에 따른 객실 안내를 위하여 기본적인 객실 위치와 객실 특징을 파악해 두어야 하며, 장애인 객실이나 커넥팅룸, 스위트룸의 종류별 특징 등을 미리 숙지하고 있어야 한다.

(2) 객실 요금표 상의 공표 요금을 숙지한다. 고객 응대 시 가장 기본이 되는 정보로 타입별 요금 및 자주 쓰이는 할인율에 대한 요금도 미리 숙지하고 있어야 한다.

(3) 객실 예약 프로그램(오페라, 피델리오)의 'Reservation' 파트를 통하여 커머셜 레이트(Commercial Rate)를 검색한다. 커머셜레이트에는 객실 요금뿐만 아니라 부대시설 이용이나 식사에 대한 할인율도 포함될 수 있으므로 이 사항에 대하여서도 살펴볼 수 있어야 한다.

(4) 고객별 요청 사항 및 성향에 따른 객실을 파악한다. 고객별로 선호하는 유형의 객실이 상이하므로 객실의 특징을 파악하여 추천을 하여야 한다.

2 객실 배정

NCS 02. 객실 관리
1. 객실 예약 접수
1-3 객실 배정하기

일반적인 객실 배정은 체크인 시 직원에 의해 이루어지고 고객의 특별한 요청 사항이 없는 경우는 직원이 현재 가능한 객실 상태를 확인하여 최상의 객실로 배정한다. 그리고 체크인 시 고객에게 흡연 여부 또는 원하는 객실이 있는지 확인하고, 체크인 후 객실에 전화하여 객실 상태가 괜찮은지, 불편한 점은 없는지 확인 전화를 걸기도 한다. 체크인하는 오후 근무자는 당일 판매 가능한 객실, 가격, 점유율 등 업무 시작 전에 오늘 객실 상황을 확인하여 객실 예약이 초과된 경우는 해당 객실 타입보다 한 단계 위 객실로 업그레이드 또는 업셀링한다. (참고: 우선근·김재기, 2010)

※ 유의 사항

(1) 고객의 성향이나 요청 사항에 유의하여 객실을 제공할 수 있어야 한다.
(2) 객실 예약 현황을 고려하여 객실을 추천할 수 있어야 한다.
(3) 고객과의 전화 응대 상황에서는 정확한 커뮤니케이션이 될 수 있도록 확인을 해야 하며, 고객에 따른 요금을 책정할 수 있어야 한다.

실무회화 ① 🎧 09-1

● **安排房间** 객실 배정

服务员　您好，朴先生。这次入住会住多少天？
　　　　　Nín hǎo, Piáo xiānsheng. Zhè cì rùzhù huì zhù duōshao tiān?

顾客　　目前为①止打算住一个星期，
　　　　　Mùqián wéizhǐ dǎsuàn zhù yí ge xīngqī,

　　　　　到时候有可能会②延期几天。
　　　　　dào shíhou yǒu kěnéng huì yánqī jǐ tiān.

服务员　您经常住的那种商务房已住满，
　　　　　Nín jīngcháng zhù de nà zhǒng shāngwùfáng yǐ zhùmǎn,

　　　　　现在只剩下标准房和套房。
　　　　　xiànzài zhǐ shèngxià biāozhǔnfáng hé tàofáng.

顾客　　我需要客厅和卧室分开的房间，
　　　　　Wǒ xūyào kètīng hé wòshì fēnkāi de fángjiān,

　　　　　最好附带有办公洽谈的专门房间。
　　　　　zuìhǎo fùdài yǒu bàngōng qiàtán de zhuānmén fángjiān.

服务员　现在有一个套房很适合您住，可以欣赏市区的
　　　　　Xiànzài yǒu yí ge tàofáng hěn shìhé nín zhù, kěyǐ xīnshǎng shìqū de

　　　　　外景。问题是房间在走廊的尽头。
　　　　　wàijǐng. Wèntí shì fángjiān zài zǒuláng de jìntóu.

顾客　　那倒无所谓。
　　　　　Nà dào wúsuǒwèi.

服务员　请在那边稍坐一会儿，我将会为①您办理入住
　　　　Qǐng zài nàbiān shāo zuò yíhuìr, wǒ jiāng huì wèi nín bànlǐ rùzhù

　　　　手续。
　　　　shǒuxù.

顾客　　麻烦你请尽量快一点儿。
　　　　Máfan nǐ qǐng jǐnliàng kuài yìdiǎnr.

服务员　好的。请把③您的护照和信用卡交给我。
　　　　Hǎo de. Qǐng bǎ nín de hùzhào hé xìnyòngkǎ jiāogěi wǒ.

　　　　办完入住手续后，我会马上归还给①您。
　　　　Bànwán rùzhù shǒuxù hòu, Wǒ huì mǎshàng guīhuán gěi nín.

실무회화 ②

●客人特别要求服务 고객 특별 요청 서비스

顾客 你好，我是住602房间的。我的房间离吸烟区
Nǐ hǎo, wǒ shì zhù liù líng èr fángjiān de. Wǒ de fángjiān lí xīyānqū
太近了，是否能给我换个房间呢？
tài jìn le, shìfǒu néng gěi wǒ huàn ge fángjiān ne?

服务员 不好意思给①您带来不便。我先看看有没有空房。
Bù hǎo yìsi gěi nín dàilái búbiàn. Wǒ xiān kànkan yǒu méiyǒu kōngfáng.
有一个空房是跟您现在住的房间类型一样④，
Yǒu yí ge kōngfáng shì gēn nín xiànzài zhù de fángjiān lèixíng yíyàng,
我给①您换到这里吧。
wǒ gěi nín huàndào zhè li ba.

顾客 好的。能给我加一个床吗？
Hǎo de. Néng gěi wǒ jiā yí ge chuáng ma?

服务员 您需要加什么样的床呢？单人床还是婴儿床？
Nín xūyào jiā shénme yàng de chuáng ne? Dānrénchuáng háishi yīng'érchuáng?

顾客 婴儿床。加床会另外收费吗？
Yīng'érchuáng. Jiāchuáng huì lìngwài shōufèi ma?

| 服务员 | 我们酒店免费提供加床服务。
Wǒmen jiǔdiàn miǎnfèi tígōng jiāchuáng fúwù.

什么时候帮您加床较合适呢?
Shénme shíhou bāng nín jiāchuáng jiào héshì ne?

| 顾客 | 我的家人明天下午三点左右会到酒店,
Wǒ de jiārén míngtiān xiàwǔ sān diǎn zuǒyòu huì dào jiǔdiàn,

之前帮我加上去就好了。
zhīqián bāng wǒ jiāshàngqù jiù hǎo le.

| 服务员 | 好的,那我们明天上午清理房间的时候
Hǎo de, nà wǒmen míngtiān shàngwǔ qīnglǐ fángjiān de shíhou

会准备好的。
huì zhǔnbèi hǎo de.

새 단어

실무회화 ① 🎧 09-3

- 客房 kèfáng 〈명〉 객실
- 安排 ānpái 〈동〉 (인원·시간 등을) 안배하다
- 为止 wéizhǐ 〈동〉 ~을 끝으로 하다(삼다)
- 到时候 dào shíhou 그때 가서. 그때 되면
- 延期 yánqī 〈동〉 (기간을) 연장하다. 늘리다
- 剩下 shèngxià 〈동〉 남다. 남기다
- 套房 tàofáng 〈명〉 스위트룸
- 分开 fēnkāi 〈동〉 떨어지다. 분리되다
- 附带 fùdài 〈형〉 부가적인
- 办公 bàngōng 〈동〉 집무하다
- 洽谈 qiàtán 〈동〉 협의하다. 상담하다
- 欣赏 xīnshǎng 〈동〉 감상하다
- 市区 shìqū 〈명〉 시내 지역
- 外景 wàijǐng 〈명〉 실외 배경
- 走廊 zǒuláng 〈명〉 복도
- 尽头 jìntóu 〈명〉 말단. 말미. 끝(머리)
- 无所谓 wúsuǒwèi 상관없다. 개의치 않다
- 尽量 jǐnliàng 〈부〉 가능한 한. 될 수 있는 대로
- 归还 guīhuán 〈동〉 돌려주다. 반환하다

실무회화 ② 🎧 09-4

- 要求 yāoqiú 〈동〉 요구하다. 요망하다
- 吸烟区 xīyānqū 〈명〉 흡연구역
- 是否 shìfǒu 〈부〉 ~인지 아닌지
- 带来 dàilái 〈동〉 가져오다. 일으키다
- 不便 búbiàn 〈형〉 불편하다
- 空房 kōngfáng 〈명〉 빈 방
- 类型 lèixíng 〈명〉 유형
- 加 jiā 〈동〉 더하다. 보태다
- 单人床 dānrénchuáng 〈명〉 일인용 침대
- 婴儿床 yīng'érchuáng 〈명〉 유아용 침대
- 另外 lìngwài 〈부〉 별도로. 따로. 달리
- 收费 shōufèi 〈동〉 비용을 받다
- 提供 tígōng 〈동〉 제공하다. 공급하다
- 家人 jiārén 〈명〉 한 가족. 식구
- 之前 zhīqián 〈명〉 ~이전
- 清理 qīnglǐ 〈동〉 깨끗이 정리하다

핵심 표현 활용

01
① 目前为止打算住一个星期，……。
② ……我将会为您办理入住手续。
③ 办完入住手续后，我会马上归还给您。
④ 不好意思给您带来不便。
⑤ ……我给您换到这里吧。

①의 '为'는 'wéi'로 읽으며 '하다, (~)로 삼다, (~)가 되다'라는 의미의 동사이다. 예문에서는 '为止'가 한 단어로 '지금까지'의 의미이다. 반면, ②의 '为'는 'wèi'는 '~를 위하여/ ~에게, ~때문에' 등의 대상, 목적, 원인을 나타내는 전치사이다.
한편 ③의 '给'는 '주다'라는 의미의 동사가 결과보어로 쓰인 예문이고, ④, ⑤는 '~에게/~를 위하여'의 의미인 전치사로 사용된 예이다.

- 这家酒店装饰不错，感觉舒适。别的酒店也应该以这点为榜样！
  이 호텔 장식이 좋은데요. 편안한 느낌이 있어요. 다른 호텔도 이 점을 본받아야 할 것 같아요!

- 我特地为你们订了有大床的房间。 제가 특별히 당신들을 위해 큰 침대가 있는 방을 예약했어요.

- 我给您收据，请拿好。 영수증 드릴게요. 잘 챙기세요.

- 请给我说明一下这两个房间的差别。 제게 이 두 방의 차이를 좀 설명해주세요.

활용 다음을 한국어로 해석하세요.

① 这些礼物都是我为你准备的，请你收下。
→ _____

② 回国以后，你一定要给我发电子邮件。
→ _____

단어 装饰 zhuāngshì 명 장식 | 舒适 shūshì 형 편안하다, 쾌적하다 | 榜样 bǎngyàng 명 본보기 | 特地 tèdì 부 특별히 | 收据 shōujù 명 영수증 | 差别 chābié 명 차별 | 收下 shōuxià 동 받다 | 发 fā 동 보내다 | 电子邮件 diànzǐyóujiàn 명 이메일

활용 정답 1.① 이 선물들은 모두 제가 당신을 위해 준비한 것이니 받아주세요.
② 귀국한 후에, 당신 꼭 제게 이메일을 보내셔야 해요.

02 ……, 到时候有可能会延期几天。

예문의 '会'는 '~일 것이다'의 의미로 '가능성 있는 추측이나 예정'을 나타내는 조동사이다. 이 외에도 외국어나 운동, 요리, 운전 등 학습이나 경험을 통해 익히는 것에 대해 '~할 수 있다'의 의미를 나타내기도 한다. 부정 형식은 '不会'이다.

● 그 외 조동사의 용법

能 / 可以	① ~할 수 있다 [주관적으로 능력을 갖춤] ② ~할 수 있다 [객관적으로 조건을 갖춤]	부정 형식: 不能
	③ ~해도 된다 [도리상의 허가, 동의]	부정 형식: 不可以(금지)

- 下星期一定**会**有空房的。 다음 주에는 빈 방이 있을 겁니다.
- 我不**会**说汉语, 请您说英语, 好吗? 제가 중국어를 못 합니다. 영어로 말해주실 수 있을까요?
- 三个大人**可以**住一个房间吗? 어른 셋이 한 방에서 묵을 수 있나요?

> **활용** 다음 중에서 적당한 조동사를 골라 문장을 완성하세요.
>
> 보기   会, 能, 不可以
>
> ① 酒店客房里（　　　）抽烟。
> ② 早晨5点, 你（　　　）来吗?
> ③ 我不（　　　）开车。

03 请把您的护照和信用卡交给我。

위의 예문은 전치사 '把'를 이용해 목적어를 서술어 앞으로 이동시켜, 그 목적어가 동사에 의해 어떻게 처치되었는지를 설명하는 '把자문(처치문)'이다. 이 때, 목적어는 반드시 '이미 알고 있는 특정한 것'이어야 하고, 동사는 그 결과를 설명하는 기타성분(了, 一下, 보어, 중첩 등)이 동반되어야 한다.

주어 + (부정부사 **不/没** + 조동사) + [**把** + 목적어] + 동사 + 기타성분

활용 정답 2. ① 不可以 ② 能 ③ 会

핵심 표현 활용

- 导游已经把您的房间钥匙拿走了。　가이드가 이미 당신 방 열쇠를 가지고 갔어요.
- 您没把地址写清楚。请在这里重新写一遍。
  주소를 명확하기 쓰지 않으셨네요. 여기에 다시 한 번 써 주세요.

가능보어, 동태조사 '过', 존재나 판단동사 '在', '是', 심리와 지각동사 '喜欢', '知道', '觉得' 등은 '把자문'으로 사용할 수 없다.

> **활용** 다음의 문장이 올바른지 ○, ×로 체크하세요.
>
> ① 我把一本杂志带来了。（○, ×）　② 你把今天的作业做！（○, ×）
> ③ 孩子把我的手机弄坏了。（○, ×）　④ 我把那个男生喜欢。（○, ×）

04 有一个空房是跟您现在住的房间类型一样。

'跟……一样'은 '~와(과) 같다'라는 의미로 두 대상을 비교한 후 동일함을 나타내는 표현이다. 부정은 '跟……不一样', '不跟……一样' 모두 가능하다.

- 双人间的价格跟标准间一样，就是床的种类不同。
  더블룸의 가격과 일반룸은 같습니다. 다만 침대 종류가 달라요.
- A型房间跟B型一样大。　A형 객실과 B형은 크기가 같습니다.
- 这房间跟我预订的不一样。　이 방은 제가 예약한 것과 다릅니다.

> **활용** 제시된 단어를 배열하여 알맞은 중국어로 말해 보세요.
>
> ① 一样, 今天, 热, 昨天, 跟, 也　정말 못 견디겠다. 오늘도 어제랑 똑같이 덥네.
>
> → 真受不了, _____
>
> ② 我, 大, 他, 不, 跟, 一样　저하고 그는 동갑이 아니에요.
>
> → _____

단어 抽烟 chōuyān 동 담배를 피우다 | 早晨 zǎochén 명 새벽 | 导游 dǎoyóu 명 가이드 | 钥匙 yàoshi 명 열쇠 | 重新 chóngxīn 부 다시 | 弄 nòng 동 (~을) 하다 | 坏 huài 형 나쁘다 | 受不了 shòubuliǎo 참을 수 없다

활용 정답 3. ① × ② × ③ ○ ④ ×　4. ① 今天也跟昨天一样热。② 我跟他不一样大。/ 他跟我不一样大。

第九课 客房安排 99

연습문제

01 아래 빈칸에 들어갈 알맞은 표현을 넣어 대화를 완성해 보세요.

服务员	您好，朴先生。这次入住会住_____？
顾客	目前_____打算住一个星期，_____有可能会延期几天。
服务员	您经常住的那种商务房已_____，现在只_____标准房和套房。
顾客	我需要客厅和卧室分开的房间，最好_____办公洽谈的专门房间。
服务员	现在有一个套房很_____您住，可以_____市区的_____。
顾客	我想加一个床。加床会另外收费吗？
服务员	我们酒店免费提供_____服务。什么时候帮您加床较合适呢？
顾客	我的家人明天下午三点左右会到酒店，之前帮我_____就好了。

02 다음 보기를 참조하여 그림과 알맞은 상황을 중국어로 표현해 보세요.

① 보기 分开

② 보기 离…太近了

③ 보기 带来不便

④ 보기 免费提供

실력 보태기

🎵 09-5

회화로 배운 내용을 서술문으로 익혀본 후 확인문제를 풀어보세요.

　　前台接待员首先要向客户确认是否有预订房间。如果客人没有预订，在有空房的情况下，应尽量满足客人的住宿要求，并明确地给客人说明房间的种类，房价。登记时，接待员必须要认真地核对客人的身份证和护照、签证等。为客人分配一间适合客人需要的房间后，要再次与客人确认房价和离店日期，结账后将房卡和收据交给客人。接到客人要求加床或换房要求时，同前台接待员联系后办好手续，引导客人进房，介绍设备、服务项目、住店须知等。

Check!
위의 서술문과 다음 문장의 내용이 일치하면 O, 일치하지 않으면 X 표시를 하시오.

① 如果客人没有预定房间，就不必问客人的住宿要求。　　（　）
② 服务员要明确地给客人进行房间的介绍。　　　　　　（　）
③ 给客人分配房间后要再次与客人确认一下房间预定的内容。（　）

단어

- 前台 qiántái 명 (호텔 등의) 프런트(front). 카운터(counter)
- 接待员 jiēdàiyuán 명 안내원
- 客户 kèhù 명 고객
- 确认 quèrèn 동 확인하다
- 满足 mǎnzú 동 만족하다. 만족시키다
- 明确 míngquè 형 명확하다
- 核对 héduì 동 대조 확인(검토)하다
- 身份证 shēnfènzhèng 명 신분증
- 签证 qiānzhèng 명 비자(visa). 사증
- 分配 fēnpèi 동 분배하다
- 再次 zàicì 부 재차. 거듭. 다시 한 번
- 离店 lídiàn 체크아웃
- 结账 jiézhàng 동 계산하다. 결산하다
- 引导 yǐndǎo 동 인도하다. 인솔하다
- 项目 xiàngmù 명 항목. 종목. 사항
- 须知 xūzhī 명 주의 사항. 안내 사항. 규정

Check! 정답　① X　② O　③ O

第十课
前台入住登记
데스크 체크인

학습목표
1. 투숙 고객의 사전 예약 사항을 확인한 후 체크인을 진행할 수 있다.
2. 단체 고객의 이력서를 확인한 후 단체 고객에게 객실을 배정할 수 있다.
3. 고객에게 객실 키 및 조식 쿠폰을 전달할 수 있다.

미리 알아두기

체크인(Check In)이란 고객의 편안한 투숙을 위하여 체크인 준비, 고객 응대, 등록카드 작성 및 객실 정보 안내를 제공하며 고객 정보 등록 및 단체 체크인을 수행하는 능력이다. 이 능력단위에서는 프런트데스크의 객실 현황 파악과 객실 배정을 할 줄 알아야 한다. NCS 02. 객실 관리 2. 체크인

1 객실 현황 파악

NCS 02. 객실 관리
2. 체크인
1-1 체크인 준비

프런트데스크 직원은 판매 가능한 객실 상태와 수를 파악하여 당일 체크인 객실 수, 체크아웃 객실 수, 전체 점유율, 객실 판매 가능한 요금, 객실의 규모와 위치, 각 객실의 비품 및 소모품 그리고 객실 요금에 관하여 정확한 사항을 알고 있어야 한다. 그리고 고객이 도착 전에 객실이 준비될 수 있도록 사전 요청 사항, 객실 도착 시간, 어메니티(Amenity)를 확인하여 객실을 점검한다. (참고: 이승연. 2010)

① 도착 고객 객실 수(Arrival): 체크인하는 객실 수
② 출발 고객 객실 수(Departure): 체크아웃하는 객실 수
③ 객실 점유율(Occupancy): 전체 판매 가능 객실 수에 대한 당일 판매된 객실 비율
④ 객실 평균 요금(ADR: Average Daily Revenue): 일일 평균 객실료

2 객실 배정의 수행 순서

NCS 02. 객실 관리
2. 체크인
1-3 객실 배정하기

(1) 도착 고객 명단(Arrival Guest Report)을 출력한다.
(2) 고객의 도착 예정 시간(ETA)을 파악하고 객실을 배정한다.
(3) 이른 체크인(Early Check-In), 늦은 체크인(Late Check-In), 중요 고객을 확인하여 객실을 배정한다. 고객의 프로파일을 통해 선호하는 객실을 배정하고, 어메니티(Amenity)가 제공되는 경우는 사전에 객실 정비를 요청한다.
(4) 특별한 고객 요청에 따라 객실을 배정하고, 관련 부서에 미리 공지한다.
(5) 트레이스 명단(Trace Report) 확인을 통해 고객이 사전에 요청한 기록이나 처리해야 할 업무를 파악하여 객실을 배정한다.
(6) 어메니티(Amenity)가 들어가는 객실은 미리 객실 정비 요청을 하고, 룸서비스에 연락한다. 그리고 객실 번호가 바뀌는 경우에는 룸서비스에 다시 연락한다.
(7) 고객이 도착 전 객실 상황을 수시로 확인하여 체크인하는 시간에 객실이 준비될 수 있도록 한다.

3 투숙 고객 확인

NCS 02. 객실 관리
2. 체크인
2-1 고객 응대하기

호텔 예약 시 객실 예약 확인서(예약 번호와 예약 규정에 대한 확인서)를 이메일이나 팩스로 고객에게 보낸다. 고객은 체크인 때 예약 확인서 또는 호텔 바우처를 체크인 시 전달하여 신속한 체크인을 할 수 있다. 일반적으로는 예약 확인서가 없더라도 투숙 고객의 신분증(주민등록증, 여권) 및 기본 정보 확인을 통해 체크인을 진행한다. (참고: 문정희·이원봉. 2013)

실무회화 ① 🎧 10-1

● **网上预订客户入住** 인터넷 예약 고객 체크인

顾客 我叫王力，两天前在网上订了一个房间。
Wǒ jiào Wáng Lì, liǎng tiān qián zài wǎngshàng dìng le yí ge fángjiān.

服务员 请稍等，马上为您查询。
Qǐng shāo děng, mǎshàng wèi nín cháxún.

房间是用您本人的姓名预订的吗?
Fángjiān shì yòng nín běnrén de xìngmíng yùdìng de ma?

系统上**找不到**[1]'王力'这个名字。
Xìtǒng shàng zhǎobúdào 'Wáng Lì' zhè ge míngzi.

顾客 不是，我的一个朋友帮我订的。
Búshì, wǒ de yí ge péngyou bāng wǒ dìng de.

服务员 那麻烦您告诉我那位朋友的手机号码。
Nà máfan nín gàosu wǒ nà wèi péngyou de shǒujīhàomǎ.

顾客 我这里说不定有他的名片，我找找。在这儿!
Wǒ zhè li shuōbúdìng yǒu tā de míngpiàn, wǒ zhǎozhao. Zài zhèr!

服务员 找到了。您预订了九月一号至三号的一个商务间，
Zhǎodào le. Nín yùdìng le jiǔ yuè yī hào zhì sān hào de yí ge shāngwùjiān,

房费已支付，请出示一下您的护照。
fángfèi yǐ zhīfù, qǐng chūshì yíxià nín de hùzhào.

顾客　　　在这儿。
　　　　　Zài zhèr.

服务员　　这是您的房卡和早餐券，早餐利用时间是
　　　　　Zhè shì nín de fángkǎ hé zǎocānquàn, zǎocān lìyòng shíjiān shì

　　　　　早上7点到9点半。请您在这里签个名。
　　　　　zǎoshang qī diǎn dào jiǔ diǎn bàn. Qǐng nín zài zhè li qiān ge míng.

顾客　　　你们酒店的Wi-Fi是这个吗？
　　　　　Nǐmen jiǔdiàn de Wi-Fi shì zhè ge ma?

服务员　　最上面我们酒店名称的那一个就②是。
　　　　　Zuì shàngmian wǒmen jiǔdiàn míngchēng de nà yí ge jiùshì.

　　　　　密码是英文的G-H，数字从一到七。
　　　　　Mìmǎ shì yīngwén de G-H, shùzì cóng yī dào qī.

실무회화 ②

• **团队客户入住** 단체 고객 체크인

顾客 您好，我们预订了五个房间。
Nín hǎo, wǒmen yùdìng le wǔ ge fángjiān.

服务员 早上好。请问是用您的名字预订的吗？
Zǎoshang hǎo. Qǐngwèn shì yòng nín de míngzi yùdìng de ma?

顾客 是的。我叫徐敏。
Shì de. Wǒ jiào Xú Mǐn.

服务员 请告诉我您英文名字的全称。
Qǐng gàosu wǒ nín yīngwén míngzi de quánchēng.

顾客 X-U-M-I-N。我订的房间是下午四点入住吧？
X-U-M-I-N. Wǒ dìng de fángjiān shì xiàwǔ sì diǎn rùzhù ba?

服务员 是的，徐女士。
Shì de, Xú nǚshì.

请出示一下您的护照和其他入住顾客的护照。
Qǐng chūshì yíxià nín de hùzhào hé qítā rùzhù gùkè de hùzhào.

顾客 在这儿。我们可以先把行李寄存在这里吗？
Zài zhèr. Wǒmen kěyǐ xiān bǎ xíngli jìcún zài zhè li ma?

离入住时间还有好③几个小时，我想在酒店周围
Lí rùzhù shíjiān hái yǒu hǎo jǐ ge xiǎoshí, wǒ xiǎng zài jiǔdiàn zhōuwéi

逛逛。
guàngguang.

服务员　一共[④]是几个行李箱呢?
Yígòng shì jǐ ge xínglixiāng ne?

顾客　我看看,大概9个。也许我们会晚一些,
Wǒ kànkan, dàgài jiǔ ge. Yěxǔ wǒmen huì wǎn yìxiē,
到时候能把行李送到我的房间吗?
dào shíhou néng bǎ xíngli sòngdào wǒ de fángjiān ma?

服务员　不用担心,我们会把行李送到您的房间。
Búyòng dānxīn, wǒmen huì bǎ xíngli sòngdào nín de fángjiān.
这是您的房卡和行李寄存单,请收好。
Zhè shì nín de fángkǎ hé xíngli jìcúndān, qǐng shōuhǎo.

새 단어

실무회화 ① 🎧 10-3

- 前台 qiántái 　명 (호텔·댄스홀 등의) 프런트(front)
- 入住 rùzhù 　명 체크인 　동 입주하다. 숙박하다
- 登记 dēngjì 　동 등록하다. 기입하다
- 网上 wǎngshàng 　명 온라인. 인터넷
- 客户 kèhù 　명 고객
- 查询 cháxún 　동 조사하다. 조회하다
- 系统 xìtǒng 　명 계통. 체계. 시스템
- 说不定 shuōbúdìng 　분명히 말할 수 없다
- 支付 zhīfù 　동 지불하다. 내다
- 出示 chūshì 　동 내보이다. 제시하다
- 早餐券 zǎocānquàn 　명 조식 식권
- 签名 qiānmíng 　동 사인하다. 서명하다
- 名称 míngchēng 　명 명칭. 이름
- 密码 mìmǎ 　명 암호. 비밀번호

실무회화 ② 🎧 10-4

- 团队 tuánduì 　명 단체. 집단
- 全称 quánchēng 　명 정식 명칭
- 行李 xíngli 　명 짐
- 寄存 jìcún 　동 맡겨 두다. 보관시키다
- 周围 zhōuwéi 　명 주위. 주변
- 逛 guàng 　동 구경하다. 돌아다니다
- 行李箱 xínglixiāng 　명 트렁크. 여행용 가방
- 大概 dàgài 　부 아마도. 대개
- 担心 dānxīn 　동 염려하다. 걱정하다
- 寄存单 jìcúndān 　명 보관증 (storage application)

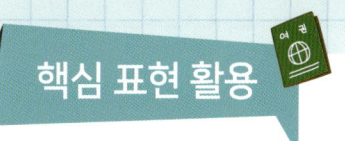

핵심 표현 활용

01 系统上找不到'王力'这个名字。

위의 예문 중 '找不到'는 '찾을 수 없다'의 의미로 동작 실현의 가능, 불가능을 나타낸 가능보어 구문이다. 의문문은 '吗'를 사용하거나 긍정형, 부정형을 병렬하는 정반의문문의 형식으로 나타낼 수 있다.

> 동사 + 得(긍정)/不(부정) + 방향/결과보어 / 了 + (목적어)

- 证件在旅行包里最底下，我现在拿不出来，待会儿再给你行吗?
  신분증이 여행 가방 제일 아래에 있어서 지금은 꺼낼 수가 없네요. 잠시 후에 드려도 될까요?

- 我听不懂英语，没有会说汉语的服务员吗?
  저는 영어를 못 알아들어요, 중국어를 할 줄 아는 직원이 없나요?

- 请问，入住手续现在到底办得了办不了?
  말씀 좀 물을게요. 체크인 수속을 지금 할 수 있나요, 없나요?

활용 다음 문장을 바르게 고치세요.

① 刚才前台服务员说得太多了，我都记得不清楚。
   → _____

② 这么狭窄的地方，我们进得去。
   → _____

③ 你说你我不大喜欢吃生鱼片，你能吃不了吗?
   → _____

단어 证件 zhèngjiàn 몡 증명서 | 底下 dǐxia 몡 아래 | 待会儿 dāihuìr 부 잠시 | 到底 dàodǐ 부 도대체 | 刚才 gāngcái 부 방금 | 狭窄 xiázhǎi 형 비좁다 | 生鱼片 shēngyúpiàn 몡 회

활용 정답 1. ① ···, 我都记不清楚。　② ···, 我们进不去。　③ ···, 你能吃得了吗?

第十课 前台入住登记 109

02 最上面我们酒店名称的那一个就是。

예문의 '就'는 '바로'의 의미로 '사실이 바로 그러함'이라는 '강조'를 나타내는 부사이다.

- '就'의 기타 의미
  ① 곧, 바로 [사건이 짧은 시간에 이루어짐]
  ② 벌써 [일이 일찍 발생했음]
  ③ ~면 [어떤 조건이나 상황 아래 결과가 발생함]
  ④ 단지, ~만 [수량이 적음]

- 这就是服务总台的电话号码。 이게 바로 프런트의 전화번호입니다.
- 你们这么早就来了？还没到入住时间呢！ 이렇게 일찍 오셨어요? 아직 체크인 시간 안 됐는데!
- 如果你们续住的话，现在就要办手续。 만약 계속 숙박하시려면, 지금 바로 수속하셔야 합니다.
- 就我一个人，这儿有单人间吗？ 저 혼자인데, 여기에 싱글룸이 있나요?

> **활용** '就'의 의미에 유의하여 다음을 한국어로 해석하세요.
>
> ① 你等一会儿，我马上就来。 → _____
>
> ② 他就给了我十块。 → _____
>
> ③ 如果他去，我就不去。 → _____
>
> ④ 你一下课就给我打电话。 → _____

03 离入住时间还有好几个小时，……。

'好'는 '꽤, 상당히'의 의미로 수량사나 형용사 앞에서 많거나 오래됨을, 또한 동사나 형용사의 정도가 심하거나 감탄을 나타내는 부사이다. 한편, '~하기 편하다, 좋다'의 의미는 형용사로서의 용법이다.

- 看来，这家酒店修建已经好几年了。 보아하니 이 호텔은 시공한 지 이미 꽤 몇 년 된 것 같아요.
- 好漂亮啊！果然是高档次的酒店！ 너무 예쁘네요! 역시 고급 호텔이네요!
- 对不起，旅游旺季换房间不好办。 죄송합니다만, 여행 성수기에는 방을 바꾸기가 쉽지 않습니다.

활용 정답 2. ① (당신) 잠시 기다리세요. 제가 곧 올게요. ② 그는 내게 10위안만 줬다. ③ 만약에 그가 간다면, 저는 안 가겠습니다. ④ 너 수업 마치자마자 나한테 전화해.

핵심 표현 활용

활용 제시된 단어를 배열하여 알맞은 중국어로 말해 보세요.

① 多, 香水, 种类, 的 啊, 好, 这里   여기에 향수 종류가 상당히 많네요.
→ _____

② 尤其是, 不, 学, 汉语, 不, 汉字, 好, 容易, 写
중국어를 배우는 것은 쉽지 않아요. 특히 한자는 쓰기 참 힘들어요.
→ _____

04 一共是几个行李箱呢?

'一共'은 '합쳐서'의 의미로 뒤의 수량사와 호응하여 수량의 총계를 나타내는 부사이다. 한편, '都'는 '모두'의 의미로 앞에 나온 사람이나 사물의 총괄을 의미하고, '一起', '一块儿'은 '모두', '함께'의 의미를 나타낸다.

- 包括押金，您给我的一共是八百五十元。 보증금을 포함하여 제게 모두 850위안을 주셨습니다.
- 手续都办好了。这是房卡。 수속은 모두 끝났습니다. 여기 객실 카드입니다.
- 你们三位打算一起住吗? 세 분께서는 함께 묵으실 예정입니까?

활용 다음 중에서 적당한 어휘를 골라 문장을 완성하세요.

보기   一共, 都, 一起

① 那些表格我 (   ) 填好了。
② 他 (   ) 回答了八个问题。
③ 你们是 (   ) 来的吗?

단어 修建 xiūjiàn 통 시공하다 | 果然 guǒrán 부 과연 | 档次 dàngcì 명 등급 | 旺季 wàngjì 명 성수기 | 香水 xiāngshuǐ 명 향수 | 尤其 yóuqí 부 특히 | 包括 bāokuò 통 포함하다 | 押金 yājīn 명 보증금. 담보금 | 表格 biǎogé 명 표. 양식

활용 정답 3. ① 这里香水的种类好多啊。   ② 学汉语不容易，尤其是汉字不好写。
4. ① 都　② 一共　③ 一起

연습문제

01 아래 빈칸에 들어갈 알맞은 표현을 넣어 대화를 완성해 보세요.

> 服务员　房间是用您_____的姓名预订的吗?
>
> 顾　客　是的。我叫_____。
>
> 服务员　请告诉我您英文名字的_____。
>
> 　　　　您预订了九月一号至三号的一个商务间，房费已_____。
>
> 顾　客　你们酒店的Wi-Fi是这个吗?
>
> 服务员　最上面我们酒店名称的那一个就是。密码是_____。
>
> 顾　客　我们可以先把行李_____在这里吗? 我想在酒店周围逛逛。
>
> 服务员　不用担心，我们会把行李送到您的房间。
>
> 　　　　这是您的_____和_____，请收好。

02 다음 보기를 참조하여 그림과 알맞은 상황을 중국어로 표현해 보세요.

실력 보태기

🎧 10-5

🎵 회화로 배운 내용을 서술문으로 익혀본 후 확인문제를 풀어보세요.

　　有客人朝前台走来时，立即起立，并微笑，主动热情问好。向客人询问是否有预订后，询问客人的姓名或预订人姓名及公司，与客人核对预订时留的电话号码或其他预订信息，要复述客人的预订要求，得到最后的确认。团队入住前，提前向领队索取团队名单及团队客人的证件复印件，以防当天入住登记时会发生混乱。入住前应提前分配好房间，根据团队订房资料，准备好所有房卡，统一存放后发放给领队。

Check!
위의 서술문과 다음 문장의 내용이 일치하면 O, 일치하지 않으면 X 표시를 하시오.

① 前台接待客人时服务员要询问客人是否预定房间。　　　　（　）
② 没有必要与客人核对预订时客人留的电话号码和其他预订信息。（　）
③ 团队入住时提前索取客人的证件复印件能防止入住当天发生混乱。
　　　　　　　　　　　　　　　　　　　　　　　　　　　　（　）

단어

朝 cháo	개 ~를 향하여. ~쪽으로	索取 suǒqǔ	동 요구하다. 얻어 내다
立即 lìjí	부 곧. 즉시. 바로. 금방	名单 míngdān	명 명단
起立 qǐlì	동 일어서다. 기립하다	证件 zhèngjiàn	명 증명서
微笑 wēixiào	동 미소 짓다. 웃음 짓다	复印件 fùyìnjiàn	명 복사물. 복사본
问好 wènhǎo	동 안부를 묻다. 문안드리다	防 fáng	동 막다. 방지하다
核对 héduì	동 검토하다. 조합하다	混乱 hùnluàn	형 혼란하다
信息 xìnxī	명 정보. 소식	分配 fēnpèi	동 분배하다. 할당하다
复述 fùshù	동 다시 말하다. 복창하다	资料 zīliào	명 자료
领队 lǐngduì	명 인솔자. 책임자. 리더	存放 cúnfàng	동 보관해 두다. 놓아두다

Check! 정답　① O　② X　③ O

第十一课
入住顾客管理服务

재실고객 관리 서비스

학습목표
1. 고객 응대법에 따라 요청 사항에 대해 경청하고 응대할 수 있다.
2. 고객 요청에 따라 관련 사항을 점검하고 재확인하여 처리할 수 있다.
3. 고객의 불만 사항에 대해 확인하여 처리할 수 있다.

미리 알아두기

재실고객 관리란 고객의 편안한 투숙을 위해 고객 요청 사항 처리, 메시지 및 전달물 취급, 객실 상태 확인, 객실 변경하기, 투숙객 불평 접수하기 등을 해결하고 실행하는 능력이다. 이 능력단위에서는 재실고객 요청 사항과 고객 불평 사항을 파악하여 처리할 줄 알아야 한다.

NCS 02. 객실 관리   3. 재실고객 관리

1 고객 요청 사항의 파악

NCS 02. 객실 관리
   3. 재실고객 관리
   1-1 고객 요청 사항 처리하기

고객이 호텔에 투숙을 하는 동안 발생할 수 있는 여러 가지 부탁이나 요청에 대하여 대응할 수 있도록 객실 운영 시스템을 충분히 이해하고 다룰 수 있어야 하며, 정확하고 신속한 대응을 위한 기본적인 객실 상품 숙지와 서비스의 실제를 파악하여야 한다.

2 고객 요청 사항 응대 시 유의 사항

NCS 02. 객실 관리
   3. 재실고객 관리
   1-1 고객 요청 사항 처리하기

고객의 요청에 신속하고 예의 바르게 대응하기 위해서는 정중하고 예의 바른 어투와 행동으로 고객의 만족을 먼저 고려해야 하고, 호텔 비품 또는 객실 편의용품(Amenity)을 신속 정확하게 전달하기 위하여 기본적인 물품의 사용 방법과 사용 시 유의 사항을 파악하고 설명할 수 있어야 한다. (참고: 고상동, 2004)

3 고객 불평의 대처 및 사후 관리

NCS 02. 객실 관리
   3. 재실고객 관리
   4-1 고객 불평 파악 및 처리하기

고객 불평이란 호텔 또는 호텔 직원이 제공한 제품이나 서비스에 대한 고객의 불만족을 나타내는 표현이다. 고객의 불평은 호텔의 서비스 또는 고객의 성향에 따라 매우 다양하게 나타날 수 있다. (참고: 송대근·강용관, 2013)

고객 불평을 접수할 시에는 고객의 의견을 정중한 자세로 경청하여 무엇이 원인인지 파악하는 것이 가장 우선적이다. 고객이 불평을 제기할 때는 상황에 따라 정도의 차이는 있지만, 대부분 매우 흥분된 상태이기 때문에 고객을 이해하는 측면에서 차분하게 대처할 필요가 있다. 따라서 불평을 접수할 때는 불평에 대한 내용을 평가하는 것은 금물이며, 가능하면 고객의 입장에 동조하는 분위기를 조성해야 한다.

고객 불평 이후의 사후 관리의 중요성은 문제의 해결 후, 동일하거나 비슷한 고객 불평이 재발하지 않도록 내용들을 자료화하여 구성원들에게 고객 불편 사항들을 공유함으로써 고객 지향적인 마인드를 형성하게 되고, 경영상의 서비스 개선 계획을 통해 더 나은 서비스를 제공하는 데에 있다. 불평 처리가 잘 해결되어 만족한 고객은 오히려 호텔 서비스의 구매력에 더욱 긍정적인 반응을 보일뿐만 아니라 오히려 호텔에 대한 더 높은 신뢰와 충성도를 보인다. (참고: 남택영·김영욱·김홍일, 2009)

실무회화 ① 🎧 11-1

● **客房服务电话接听** 객실 서비스 전화 응대

服务员 您好，这里是客房服务中心，很高兴为您服务！
Nín hǎo, zhè li shì kèfáng fúwù zhōngxīn, hěn gāoxìng wèi nín fúwù!

顾客 可以帮我收拾一下洗浴间吗？
Kěyǐ bāng wǒ shōushi yíxià xǐyùjiān ma?

房间里来了几位客人①，浴室显得有点儿乱。
Fángjiān lǐ lái le jǐ wèi kèrén, yùshì xiǎnde yǒudiǎnr luàn.

服务员 好的，还有其他需要吗？
Hǎo de, háiyǒu qítā xūyào ma?

顾客 你们这里有多功能插座吗？
Nǐmen zhè li yǒu duōgōngnéng chāzuò ma?

服务员 很抱歉，现在只剩下一个插座转换器。
Hěn bàoqiàn, xiànzài zhǐ shèngxià yí ge chāzuò zhuǎnhuànqì.

顾客 也可以。给我送到房间好吗？
Yě kěyǐ. Gěi wǒ sòngdào fángjiān hǎo ma?

顺便②麻烦你再给我一个一次性牙刷和浴巾。
Shùnbiàn máfan nǐ zài gěi wǒ yí ge yícìxìng yáshuā hé yùjīn.

| 服务员 | 好的,马上给您送过去。
Hǎo de, mǎshàng gěi nín sòngguòqù.

请问,您明天续住,是吧?
Qǐngwèn, nín míngtiān xùzhù, shì ba?

明天什么时间为您打扫房间好呢?
Míngtiān shénme shíjiān wèi nín dǎsǎo fángjiān hǎo ne?

| 顾客 | 不一定。
Bù yídìng.

| 服务员 | 好的,需要的话到时候请与客房部联系。
Hǎo de, xūyào de huà dào shíhou qǐng yǔ kèfángbù liánxì.

| 顾客 | **不如**③我在房间门口挂上请即打扫的牌子吧。
Bùrú wǒ zài fángjiān ménkǒu guàshàng qǐng jí dǎsǎo de páizi ba.

실무회화 ② 11-2

● **顾客不满回应** 고객 불만 응대

顾客 这里是801房间。
Zhè li shì bā líng yāo fángjiān.

我的电视弄了半天怎么也④打不开!
wǒ de diànshì nòng le bàntiān zěnme yě dǎbùkāi!

服务员 电视电源和机顶盒电源两个都开了吗?
Diànshì diànyuán hé jīdǐnghé diànyuán liǎng ge dōu kāi le ma?

顾客 机顶盒电源?
Jīdǐnghé diànyuán?

服务员 是的,请按一下遥控器右上角的红色按钮。
Shì de, qǐng àn yíxià yáokòngqì yòu shàngjiǎo de hóngsè ànniǔ.

顾客 啊!现在好了!谢谢!
A! Xiànzài hǎo le! Xièxie!

服务员 不用客气,还有什么其他可以帮忙的吗?
Búyòng kèqi, háiyǒu shénme qítā kěyǐ bāngmáng de ma?

顾客 还有房间里的空调好像失灵了。
Háiyǒu fángjiān lǐ de kōngtiáo hǎoxiàng shīlíng le.

服务员　您说的是空调遥控器还是墙上的空调开关？
Nín shuō de shì kōngtiáo yáokòngqì háishi qiáng shàng de kōngtiáo kāiguān?

顾客　遥控器。按了温度调低的按钮，但是房间温度
Yáokòngqì. Àn le wēndù tiáodī de ànniǔ, dànshì fángjiān wēndù
不但没下降，反而上升了。
búdàn méi xiàjiàng, fǎn'ér shàngshēng le.

服务员　对不起，给您带来这样的不便。
Duìbuqǐ, gěi nín dàilái zhè yàng de búbiàn.
我会立即通知客房服务部的。
Wǒ huì lìjí tōngzhī kèfáng fúwùbù de.

새 단어

실무회화 ① 🎧 11-3

- 接听 jiētīng 〔동〕 (전화를) 받다
- 服务中心 fúwù zhōngxīn 〔명〕 서비스 센터
- 收拾 shōushi 〔동〕 정리하다. 정돈하다. 치우다
- 洗浴间 xǐyùjiān 〔명〕 욕실. 목욕탕
- 浴室 yùshì 〔명〕 욕실. 목욕탕
- 显得 xiǎnde 〔동〕 (어떤 상황이) 드러나다. ~인 것 같다
- 插座 chāzuò 〔명〕 콘센트. 소켓
- 抱歉 bàoqiàn 〔동〕 죄송합니다
- 转换器 zhuǎnhuànqì 〔명〕 변환기. 컨버터
- 顺便 shùnbiàn 〔부〕 ~하는 김에. 겸사겸사
- 牙刷 yáshuā 〔명〕 칫솔
- 浴巾 yùjīn 〔명〕 수건
- 续住 xùzhù 이어서 묵다. 연속하여 묵다
- 打扫 dǎsǎo 〔동〕 청소하다. 깨끗이 정리하다
- 联系 liánxì 〔동〕 연락하다
- 不如 bùrú 〔동〕 ~만 못하다
- 挂上 guàshàng 내걸다
- 即 jí 〔부〕 곧. 즉. 바로
- 牌子 páizi 〔명〕 팻말. 상표

실무회화 ② 🎧 11-4

- 不满 bùmǎn 〔동〕 만족하지 않다. 불만족이다
- 回应 huíyìng 〔동〕 대답하다. 응답하다
- 弄 nòng 〔동〕 하다. 행하다. 만들다
- 半天 bàntiān 〔명〕 한참. 한나절
- 打开 dǎkāi 〔동〕 (스위치 따위를) 켜다. 틀다
- 电源 diànyuán 〔명〕 전원
- 机顶盒 jīdǐnghé 〔명〕 (디지털 방송 수신용) 셋톱박스
- 按 àn 〔동〕 (손가락 등으로) 누르다
- 遥控器 yáokòngqì 〔명〕 리모컨
- 按钮 ànniǔ 〔명〕 버튼. 스위치
- 空调 kōngtiáo 〔명〕 에어컨. 에어컨디셔너
- 失灵 shīlíng 〔동〕 고장 나다. 작동하지 않다
- 开关 kāiguān 〔명〕 스위치. 밸브
- 调低 tiáodī 〔동〕 조절하여 낮추다
- 下降 xiàjiàng 〔동〕 (정도가) 떨어지다. 낮아지다
- 反而 fǎn'ér 〔접〕 반대로. 도리어. 오히려
- 上升 shàngshēng 〔동〕 상승하다. 위로 올라가다
- 立即 lìjí 〔부〕 곧. 즉시. 바로. 금방
- 通知 tōngzhī 〔동〕 통지하다. 알리다

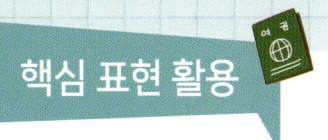

핵심 표현 활용

01 房间里来了几位客人，浴室显得有点儿乱。

사람이나 사물이 어디에 존재하거나 출현함(또는 소실함)을 나타내는 문장을 '존현문'이라고 한다. 대개 '장소 + 존재/출현(소실)동사 + (수량구를 동반한) 불특정 사람이나 사물'의 형식으로 쓴다.

- 墙上挂着一幅漂亮的画。 벽에 예쁜 그림 하나가 걸려있어요.

- 房间里飞进来一只蚊子，怎么办好呢?
  방 안에 모기 한 마리가 날아 들었는데, 어떻게 하면 좋을까요?

- 早上走了几位旅客。 아침에 손님 몇 분이 가셨습니다.

활용 다음을 한국어로 해석하세요.

① 最近我们村里搬走了几家人。
　→ _____

② 桌子上放着一张字条儿。
　→ _____

③ 前面开过来一辆奔驰。
　→ _____

단어 墙 qiáng 명 벽 | 挂 guà 동 걸다 | 画 huà 명 그림 | 只 zhī 양 마리 [동물을 세는 양사] | 蚊子 wénzi 명 모기 | 村 cūn 명 마을 | 搬 bān 동 옮기다 | 字条儿 zìtiáor 명 메모 | 辆 liàng 양 대 [차량을 세는 양사] | 奔驰 Bēnchí 고유 벤츠

활용 정답 1. ① 최근에 우리 동네에 몇 집이 이사 갔다. ② 탁자 위에 메모 하나가 놓여있다.
③ 앞에 벤츠 한 대가 (운전해) 오고 있다.

第十一课 入住顾客管理服务 121

02 顺便麻烦你再给我一个一次性牙刷和浴巾。

'顺便'은 '~하는 김에', '겸사겸사'라는 의미의 부사로 '어떤 일을 하는 김에 또 다른 일을 함'을 표현할 때 사용한다.

- 你来打扫的时候，顺便拿来几条毛巾，好吗？
  청소하러 오시는 김에 수건 몇 장 가져다 주시겠어요?

- 你下去的时候，顺便把我的衣服送到客房服务部，这件衣服要干洗。
  내려가는 김에 내 옷을 객실 서비스팀으로 보내주세요. 이 옷은 드라이크리닝해야 해요.

> **활용** '顺便'을 활용하여 적당한 문장을 만들어보세요.
> ① 如果你去市场，_____。
> ② _____，顺便帮我取款，好吗？

03 不如我在房间门口挂上请即打扫的牌子吧。

'不如'는 동사로 '~만 못하다, ~이 낫다'는 뜻으로 'A + 不如 + B'라는 비교문 형식으로 주로 쓰여 'A는 B만 못하다', 'A보다 B가 낫다'라는 의미를 가진다. '与其A不如B(A하기보다는 B가 더 낫다)'의 문형으로 호응하여 쓰기도 한다. 한편, 'A + 没有 + B'의 형식은 'A는 B만큼 ~하지 않다'를 나타내는데, 이와 같은 부정 형식을 많이 쓴다.

- 这里的服务态度不如上次去的那家好。 이곳의 서비스 태도는 지난번 갔던 곳만 못해요.
- 与其在电话里说明，不如你派人过来，怎么样？
  전화로 설명하느니 사람을 보내주시는 게 낫지 않을까요?
- 以前的房间钥匙没有这个房卡方便。 이전의 객실 열쇠는 이 방 카드만큼 편리하지 않았어요.

> **단어** 毛巾 máojīn 명 수건 | 干洗 gānxǐ 동 드라이크리닝하다 | 蔬菜 shūcài 명 채소 | 取款 qǔkuǎn 동 돈을 찾다, 인출하다 | 态度 tàidu 명 태도 | 上次 shàngcì 명 지난번, 저번 | 与其 yǔqí 접 ~하기 보다는 | 说明 shuōmíng 동 설명하다

> **활용 정답** 2. ① 顺便帮我买点儿蔬菜 ② 你去银行的话

> **활용** 다음의 문장이 맞는지 틀리는지 체크해 보세요.
>
> ① 我的身体不如以前。　　　　　　　　　　　（○, ×）
> ② 真是百闻不如一见！　　　　　　　　　　　（○, ×）
> ③ 我没有你更高。　　　　　　　　　　　　　（○, ×）
> ④ 我的衣服没有你的迷你裙那么漂亮。　　　　（○, ×）

04 我的电视弄了半天怎么也打不开！

'怎么也……'는 '어떻게 ~해도'라는 의미의 강조를 나타낼 때 쓰는 표현이다. 이와 같이 '의문대명사 + 都/也(특히 부정문)'는 '어떤 사람이나 일이 예외가 없음'을 나타낸다.

- 到底吹风机在哪里呀？我怎么也找不到。
  헤어드라이기 도대체 어디에 있죠? 아무리 찾아도 못 찾겠는데요.

- 我怎么也搞不清楚，麻烦你再说明一下连接Wi-Fi的方法。
  전 아무래도 모르겠어요. Wi-Fi 연결하는 방법 좀 다시 설명해 주시겠어요?

> **활용** '의문대명사 + 也/都……'를 활용하여 다음 질문에 대한 적당한 답을 완성하세요.
>
> ① A: 你要吃什么?
>   B: 我（　　　）不想吃，我要减肥。
> ② A: 他接受你的意见吗?
>   B: 不，我（　　　）劝，他（　　　）不听我的话。

단어 百闻不如一见 bǎiwén bùrú yíjiàn 백 번 듣는 것보다 한 번 보는 것이 낫다, 백문이 불여일견이다 | 迷你裙 mínǐqún 몡 미니스커트 | 吹风机 chuīfēngjī 몡 헤어드라이어 | 搞 gǎo 동 ~을 하다 | 连接 liánjiē 동 연결하다 | 方法 fāngfǎ 몡 방법 | 减肥 jiǎnféi 동 살을 빼다, 감량하다 | 接受 jiēshòu 동 받아들이다 | 劝 quàn 동 권하다

활용 정답 3. ① ○ ② ○ ③ × ④ ○ 4. ① 什么都/也 ② 怎么, 也/都

연습문제

01 아래 빈칸에 들어갈 알맞은 표현을 넣어 대화를 완성해 보세요.

> 顾客　　麻烦你再给我一个一次性牙刷和浴巾。
>
> 服务员　好的，马上给您_____。
>
> 顾客　　我的电视弄了半天_____打不开！
>
> 服务员　请____一下遥控器右上角的红色_____。
>
> 顾客　　啊！现在好了！谢谢！
>
> 服务员　不用客气，还有什么其他可以帮忙的吗?
>
> 顾客　　还有房间里的空调好像_____了。
>
> 服务员　我会立即_____客房服务部的。

02 다음 보기를 참조하여 그림과 알맞은 상황을 중국어로 표현해 보세요.

①

| 보기 | 什么时间 / 为您 |

②

| 보기 | 左上角的…按钮 |

③

| 보기 | 不但…，反而… |

④

| 보기 | 立即通知 |

실력 보태기

🎧 11-5

🎵 회화로 배운 내용을 서술문으로 익혀본 후 확인문제를 풀어보세요.

　　如何处理酒店客人的投诉呢？首先要耐心地倾听客人的抱怨，不要轻易打断顾客的投诉，鼓励客人倾诉下去，要适当对顾客表示理解和同情。无论顾客对错与否，都应本着积极、镇定的心态来接受顾客的投诉。要做到语言礼貌，不与顾客争吵。最重要的是听取顾客投诉的同时要认真做好记录，表示对顾客的投诉重视。如果顾客投诉的目的是补偿，工作人员可根据自己的授权能力给客人进行补偿。如果没有这样的授权，应当报告给上级管理人员。

> **Check!**
> 위의 서술문과 다음 문장의 내용이 일치하면 O, 일치하지 않으면 X 표시를 하시오.
>
> ① 倾听客人的抱怨时不能打断顾客说话。　　　　　　　　　　(　　)
> ② 如果顾客的投诉是错的，服务员就不必再倾听下去顾客的投诉。(　　)
> ③ 服务员要根据自己的授权能力给客人进行补偿。　　　　　　(　　)

단어

处理 chǔlǐ	동 처리하다. (문제를) 해결하다
投诉 tóusù	동 (관계자에게) 하소연하다. 불평하다
耐心 nàixīn	명 인내심. 참을성
倾听 qīngtīng	동 경청하다
抱怨 bàoyuàn	동 (불만을 품고) 원망하다
轻易 qīngyì	형 경솔하다. 함부로 하다
打断 dǎduàn	동 (남의 말이나 행동을) 끊다. 중단하다
鼓励 gǔlì	동 격려하다. 용기를 북돋우다
倾诉 qīngsù	동 이것저것 다 말하다
适当 shìdàng	형 적절하다. 적합하다
无论 wúlùn	접 ~을 막론하고
本着 běnzhe	개 ~에 근거하여. ~에 입각하여
镇定 zhèndìng	동 진정시키다
心态 xīntài	명 심리 상태
争吵 zhēngchǎo	동 말다툼하다. 언쟁하다
听取 tīngqǔ	동 귀담아듣다. 귀를 기울이다
记录 jìlù	동 기록하다
重视 zhòngshì	명 동 중시(하다)
补偿 bǔcháng	동 (손실·손해를) 보충하다
授权 shòuquán	동 권한을 부여하다
报告 bàogào	동 보고하다. 발표하다

Check! 정답 ① O　② X　③ O

第十二课
客房送餐服务

룸서비스

> **학습목표**
> 1. 객실 고객의 룸서비스 주문 전화에 응대할 수 있다.
> 2. 룸서비스의 메뉴를 고객에게 설명할 수 있다.
> 3. 고객의 요청에 따라 룸서비스를 접수할 수 있다.

미리 알아두기

재실고객 관리 능력단위에서는 앞서 11과에서 배운 재실고객 요청 사항과 고객 불평 사항을 파악하여 처리할 줄 알아야 함과 동시에 고객 요청 사항을 이해하고 고객을 응대해야 하는 것에 대해서도 알아야 한다. NCS 02. 객실 관리 3. 재실고객 관리

1 고객 응대

NCS 02. 객실 관리
　　3. 재실고객 관리
　　　1-1 고객 요청 사항 처리하기

고객 응대는 고객의 요구를 정확히 파악하여 친절하고 신속 정확한 서비스가 이루어져야 한다. 호텔의 프런트데스크, 컨시어지, 벨 데스크 등 고객 접점의 부서에서 주로 고객을 응대하지만, 일차적으로 간단한 고객 응대는 고객 서비스 센터에서 전화상으로 이루어지는 경우가 많다.

2 전화 예절

NCS 02. 객실 관리
　　3. 재실고객 관리

전화벨이 3번 울리기 전에 받아야 하며, 항상 일반 정보와 호텔의 행사 및 프로모션 등의 상품 정보를 숙지하고 있어야 한다. 또 표준어를 구사하며 진심 어린 마음으로 또렷하게 발음해야 한다.

3 고객 요청 응대 순서

NCS 02. 객실 관리
　　3. 재실고객 관리
　　　1-1 고객 요청 사항 처리하기

(1) 고객의 요청에 대하여 다음과 같이 친절하게 응대한다.
　① 벨이 3번 이상 울리기 전에 받는다.
　② 진심 어린 마음으로 인사한다.
　③ 본인의 부서와 이름을 반드시 밝힌다.
　④ 메모 도구를 준비하고 요청사항을 확인한다.

(2) 고객의 기본 정보를 확인한다.
　① 고객의 객실 번호를 확인한다.
　② 고객의 성함(성, 이름)을 확인한다.
　③ 고객의 인원을 확인한다.

(3) 호텔 내부 정보를 요청하는 경우, 요점을 파악하여 안내한다.
　① 고객의 요청 사항을 메모지에 적어가며 경청한다.
　② 고객에게 필요한 호텔 내부 정보를 알려주거나 추천한다.
　③ 자세한 정보나 예약이 필요한 경우, 해당 부서 또는 매장으로 연락한다.
　④ 해당 부서에 고객 요청 사항을 간단히 설명하여 인계하고 연결한다.

실무회화 ① 🎧 12-1

● **接受送餐预订** 룸서비스 예약 받기

顾客 你好，我这里是602房间。
Nǐ hǎo, wǒ zhè li shì liù líng èr fángjiān.

请问酒店早餐时间到几点？
Qǐngwèn jiǔdiàn zǎocān shíjiān dào jǐ diǎn?

服务员 对不起，先生！酒店早餐用餐时间已经过了，
Duìbuqǐ, xiānsheng! Jiǔdiàn zǎocān yòngcān shíjiān yǐjīng guò le,

如果想在房间内用餐要另外收费。
rúguǒ xiǎng zài fángjiān nèi yòngcān yào lìngwài shōufèi.

顾客 收费就① 收费吧！
Shōufèi jiù shōufèi ba!

没办法。谁叫我今天错过了早餐时间呢。
Méi bànfǎ. Shéi jiào wǒ jīntiān cuòguò le zǎocān shíjiān ne.

服务员 您想点些什么呢？您可以参考房间内配置的菜单。
Nín xiǎng diǎn xiē shénme ne? Nín kěyǐ cānkǎo fángjiān nèi pèizhì de càidān.

顾客 嗯，我正看着② 呢。
Èng, wǒ zhèng kànzhe ne.

我想要一杯咖啡、培根和两个煎蛋，
Wǒ xiǎng yào yì bēi kāfēi、péigēn hé liǎng ge jiāndàn,

还有一个水果拼盘。
háiyǒu yí ge shuǐguǒ pīnpán.

服务员	请问咖啡是热的纯咖啡吗?	

Qǐngwèn kāfēi shì rè de chún kāfēi ma?

顾客 热的奶油咖啡。
Rè de nǎiyóu kāfēi.

服务员 煎蛋要全熟的吗?
Jiāndàn yào quán shú de ma?

顾客 七分熟就可以了。
Qī fēn shú jiù kěyǐ le.

还有只要煎一面,不要两面都煎。
Háiyǒu zhǐyào jiān yí miàn, búyào liǎng miàn dōu jiān.

服务员 好的。谢谢您的订餐。
Hǎo de. Xièxie nín de dìngcān.

실무회화 ②

● **菜单推荐** 음식 추천하기

服务员 您好，送餐服务，请问有什么需要服务的？
Nín hǎo, sòngcān fúwù, qǐngwèn yǒu shénme xūyào fúwù de?

顾客 送餐种类都有什么？
Sòngcān zhǒnglèi dōu yǒu shénme?

服务员 现在这个时间只有西式早餐。
Xiànzài zhè ge shíjiān zhǐyǒu xīshì zǎocān.

顾客 面包种类都有什么？
Miànbāo zhǒnglèi dōu yǒu shénme?

服务员 三明治和烤面包片。您不妨点一个套餐怎么样？
Sānmíngzhì hé kǎo miànbāopiàn. Nín bùfáng diǎn yí ge tàocān zěnmeyàng?

套餐比③单点更合适。
Tàocān bǐ dāndiǎn gèng héshì.

顾客 套餐？有三明治和水果、咖啡就再好不过了④。
Tàocān? Yǒu sānmíngzhì hé shuǐguǒ、kāfēi jiù zài hǎo búguò le.

服务员 那您就点A套餐，还会送一个香肠和煎鸡蛋。
Nà nín jiù diǎn A tàocān, hái huì sòng yí ge xiāngcháng hé jiān jīdàn.

水果也是应季水果，特别是草莓，可新鲜了④。
Shuǐguǒ yě shì yìngjì shuǐguǒ, tèbié shì cǎoméi, kě xīnxiān le.

顾客　　大概需要多长时间呢?
　　　　Dàgài xūyào duō cháng shíjiān ne?

服务员　少说也有二十分钟。您的早餐费直接付现金呢,
　　　　Shǎoshuō yě yǒu èrshí fēnzhōng. Nín de zǎocān fèi zhíjiē fù xiànjīn ne,
　　　　还是帮您记录到账单上去呢?
　　　　háishi bāng nín jìlù dào zhàngdān shàngqù ne?

顾客　　结账就退房的时候吧!
　　　　Jiézhàng jiù tuìfáng de shíhou ba!

새 단어

실무회화 ① 🎧 12-3

- 送餐 sòngcān 명 룸서비스
  동 음식을 배달하다
- 接受 jiēshòu 동 받다. 접수하다
- 用餐 yòngcān 동 식사를 하다. 밥을 먹다
- 收费 shōufèi 동 비용을 받다. 유료로 하다
  명 비용. 요금
- 错过 cuòguò 동 (시기나 대상을) 놓치다. 엇갈리다
- 参考 cānkǎo 동 참고하다. 참조하다
- 配置 pèizhì 동 배치하다. 설비를 갖추다
- 菜单 càidān 명 메뉴. 식단
- 培根 péigēn 명 베이컨
- 煎蛋 jiāndàn 명 달걀 프라이
- 拼盘 pīnpán 명 모듬 요리
- 纯咖啡 chún kāfēi 블랙커피
- 奶油咖啡 nǎiyóu kāfēi 크림커피. 밀크커피
- 全熟 quánshú 형 완숙하다. 잘 익다
- 订餐 dìngcān 음식을 주문하다

실무회화 ② 🎧 12-4

- 推荐 tuījiàn 동 추천하다. 소개하다
- 种类 zhǒnglèi 명 종류
- 西式 xīshì 형 서양식의
- 三明治 sānmíngzhì 명 샌드위치
- 烤面包片 kǎo miànbāopiàn
  명 (빵·치즈 등을 노르스름하게 구운) 토스트
- 不妨 bùfáng 부 (~하는 것도) 괜찮다. 무방하다
- 套餐 tàocān 명 세트 음식. 세트 메뉴
- 单点 dāndiǎn 단품으로 주문하다
- 再好不过了 zài hǎo búguò le 더할 나위 없이 좋다
- 香肠 xiāngcháng 명 소시지
- 应季 yìngjì 형 제철에 맞는
- 草莓 cǎoméi 명 딸기
- 少说 shǎoshuō 동 적게 잡다. 최소한으로 어림하다
- 付 fù 동 돈을 지급(지불)하다
- 账单 zhàngdān 명 계산서. 명세서
- 结账 jiézhàng 동 계산하다. 결산하다
- 退房 tuìfáng 체크아웃하다

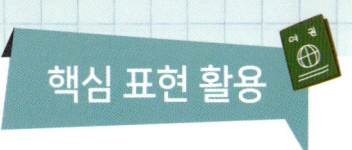

핵심 표현 활용

01 收费就收费吧！

'A就A'는 'A이면 A대로'라는 의미로 용인, 용납을 나타내는 구문이다. '就'의 앞뒤에는 같은 성분을 써야 한다.

- 送餐贵一点儿就贵一点儿，我还是要在房间里吃。
  룸서비스가 좀 비싸면 비싼 대로, 난 그래도 방에서 먹을래요.

- 菜凉了就凉了吧，凑合着吃一顿。 음식이 식으면 식은 대로, 아쉬운 대로 한 끼 먹자고요.

> **활용** 다음 빈칸을 채워 자연스러운 문장을 완성하세요.
>
> ① 不要就不要, _____
>
> ② 不来就不来吧, _____

02 嗯，我正看着呢。

'着'는 동사 뒤에서 동작이나 상태의 지속을 나타내는 동태조사이다. 예문의 경우 진행을 나타내는 부사 '正'과 함께 쓰였는데, 이와 같이 '正'은 단음절 동사나 형용사와 같이 쓰이면 반드시 '着'를 동반한다. 부정은 '没 + 동사 + 着'로 나타낸다.

- 门开着，请进来！ 문 열려 있으니 들어오세요!

- 我正看着收据呢，附加税包括在里面吗?
  제가 영수증 보고 있는데, 여기 부가세가 포함된 건가요?

단어 凉 liáng 동 식다. 서늘하다 | 凑合 còuhe 형 아쉬운 대로 ~할 만하다 | 顿 dùn 양 끼. 끼니 [식사 등을 세는 단위] | 收据 shōujù 명 영수증. 인수증 | 附加税 fùjiāshuì 명 부가세 | 包括 bāokuò 동 포함하다. 포괄하다

활용 정답 1. ① 那就扔了吧 ② 没有他也无所谓

> **활용** 다음 잘못된 문장을 올바른 중국어로 고쳐보세요.
>
> ① 他今天在穿黑色的西服。
> → _____
>
> ② 真糟糕，我的课本上不写着我的名字。
> → _____
>
> ③ 你不要在那儿在站！坐一会儿吧！
> → _____

03 套餐比单点更合适。

'A + 比 + B ~(형용사)'는 'A는 B보다 ~하다'라는 의미의 비교문이다. 이 때 형용사 앞에는 '很', '真', '非常', '太' 등 정도를 나타내는 부사는 쓸 수 없고, '더욱'의 의미인 '还', '更'만 수식할 수 있다.

- 在房间里吃比出去吃更方便。 방에서 먹는 게 나가서 먹는 것보다 훨씬 편하지요.
- 果汁比汽水好喝一点儿。 과일주스가 사이다보다 좀 더 맛있죠.

> **활용** 다음 'A + 比 + B ~(형용사)' 구문을 활용하여 비교문을 완성하세요.
>
> ① 国内的手机80万，进口的手机100万
> → _____
>
> ② 我60公斤，我妹妹55公斤
> → _____

단어 糟糕 zāogāo 동 못 쓰게 되다. 망치다 | 课本 kèběn 명 교과서 | 站 zhàn 동 (바로) 서다 | 果汁 guǒzhī 명 과일주스 | 汽水 qìshuǐ 명 사이다 | 进口 jìnkǒu 동 수입하다 | 手机 shǒujī 명 휴대전화 | 公斤 gōngjīn 양 킬로그램

활용 정답 2.① 他今天穿着黑色的西服。 ② ···，我的课本上没(有)写着我的名字。 ③ 你不要在那儿站着！···！ 3.① 进口的手机比国内的贵(20万)。 ② 我比我妹妹胖(5公斤)。

핵심 표현 활용

04 ① 有三明治和水果、咖啡就再好不过了。
② 水果也是应季水果，特别是草莓，可新鲜了。

① '再……不过了'는 '더할 나위 없이 ~하다'라는 의미를, ② '可……了'도 '대단히 ~하다'의 의미로 모두 정도가 심함을 나타내는 표현이다.

- 这酒店厨师做的菜再好吃不过了。 이 호텔의 쉐프가 만든 음식은 정말 맛있네요.
- 冬天来这儿度假的旅客可多了。 겨울에 이곳으로 휴가를 보내러 오는 관광객이 정말 많습니다.

활용 다음 제시된 표현을 활용하여 문장을 완성하세요.

① 网上购物_____。 (再……不过了, 方便)

② 这部韩国电影_____。 (可……了, 有意思)

단어 厨师 chúshī 명 요리사 | 度假 dùjià 동 휴가를 보내다 | 网上购物 wǎngshàng gòuwù 명 온라인 쇼핑 | 方便 fāngbiàn 형 편리하다 | 电影 diànyǐng 명 영화

활용 정답 4. ① 再方便不过了 ② 可有意思了

第十二课 客房送餐服务 135

연습문제

01 아래 빈칸에 들어갈 알맞은 표현을 넣어 대화를 완성해 보세요.

> 服务员　送餐＿＿＿＿都有什么?
>
> 顾客　　现在这个时间只有＿＿＿＿。
>
> 服务员　您想点些什么呢? 您可以参考＿＿＿＿的菜单。
>
> 顾客　　我想要＿＿＿＿、＿＿＿＿和两个煎蛋，还有一个水果拼盘。
>
> 服务员　您＿＿＿＿点一个套餐怎么样?
>
> 顾客　　套餐? 有三明治和水果、咖啡就＿＿＿＿了。
>
> 服务员　那您就点A套餐吧。请问咖啡是＿＿＿＿吗?
>
> 顾客　　热的＿＿＿＿。
>
> 服务员　煎蛋要＿＿＿＿的吗?
>
> 顾客　　七分熟就可以了。还有只要煎一面，不要两面都煎。

02 다음 보기를 참조하여 그림과 알맞은 상황을 중국어로 표현해 보세요.

① 보기　A就A / 没办法

② 보기　西式早餐

③ 보기　不妨

④ 보기　少说也有

실력 보태기

🎧 12-5

♪ 회화로 배운 내용을 서술문으로 익혀본 후 확인문제를 풀어보세요.

　　接听订餐电话，铃响3声内要接听。接受订餐时要仔细聆听客人所点的菜式。订餐客人多的时候，要向客人表示歉意，请客人稍候。订餐客人的姓名、房号、所点菜单的名称、订餐人数、用餐时间等事项一定要准确地记录。客人不管是向客房服务员订餐，还是通过电话向餐饮部订餐，都要问清客人需要什么食物或饮料，烹饪制作上有什么其他要求等。防止同一食品因烹制方式不同引起客人不满。订完餐后要复述一遍给客人，再向客人确认有没有其他特殊要求。送餐服务时，一定要将调味料准备齐全，连同食物、饮料一起送到房内。

Check!
위의 서술문과 다음 문장의 내용이 일치하면 O, 일치하지 않으면 X 표시를 하시오.

① 如果订餐的客人多，一定不能再接单了。　　　　　（　　）
② 接受预订时要向客人询问烹饪制作上有什么其他要求等。（　　）
③ 订完餐后复述一遍客人所点的菜单是必须的。　　　（　　）
④ 送餐时要将调味料准备齐全。　　　　　　　　　　（　　）

□ 接听 jiētīng	동 (전화를) 받다	□ 烹饪 pēngrèn	동 요리하다
□ 铃响 língxiǎng	전화벨이 울리다	□ 防止 fángzhǐ	동 방지하다
□ 仔细 zǐxì	형 세심하다. 꼼꼼하다	□ 复述 fùshù	동 다시 말하다. 복창하다
□ 聆听 língtīng	동 경청하다	□ 特殊 tèshū	형 특수하다
□ 歉意 qiànyì	명 미안한 마음	□ 调味料 tiáowèiliào	명 조미료
□ 稍候 shāohòu	동 조금 기다리다	□ 齐全 qíquán	명/형 완전히 갖추다. 완비하다
□ 不管 bùguǎn	접 ~을 막론하고. ~에 관계없이	□ 连同 liántóng	접 ~과 함께. ~과 같이
□ 餐饮部 cānyǐnbù	명 레스토랑. F&B 부서	□ 接单 jiēdān	명/동 주문 접수. 주문 받다
□ 问清 wènqīng	분명히 묻다		

Check! 정답 ① X ② O ③ O ④ O

第十三课

娱乐场服务

카지노 서비스

학습목표
1. 고객의 신분을 확인하여 카지노 이용 고객의 출입을 관리할 수 있다.
2. 고객 출입 시 위험 물품을 통제하고 영업장내 질서 유지를 수행할 수 있다.
3. 고객에게 영업장 소개 및 게임 설명을 할 수 있다.

미리 알아두기

카지노 고객 지원이란 카지노 영업장 내 최상의 서비스를 제공하고 고객 편의 사항을 지원하고자 고객 출입 관리, 일반 고객 관리, 영업장 내 질서 유지를 수행하는 능력이다. 이 능력 단위에서는 카지노 출입 고객 관리 및 호텔 정보 안내에 대해 이해해야 한다. NCS 02. 카지노 운영 관리 6. 카지노 고객 지원

1 카지노 고객 출입 제한 규정

NCS 02. 카지노 운영 관리
6. 카지노 고객 지원
1-1 고객 출입 관리하기

카지노에서는 입장하는 고객들을 통제하고 물품을 점검하여 금지 목록을 접수·보관한다. 또 고객의 신원을 확인하고 입장 금지 고객의 출입을 통제한다.

2 출입 제한 고객 통제하기 수행 순서

NCS 02. 카지노 운영 관리
6. 카지노 고객 지원
1-1 고객 출입 관리하기

(1) 출입이 가능한 고객인지 확인한다. 카지노에 출입이 가능한지 나이 등을 확인하고, 출입이 가능한 신분증을 지참하였는지 확인한다.
　① 만 19세 미만의 미성년자인지 확인한다. 방문일 기준 만 19세 생일이 지났는지 확인한다.
　② 외국인임을 증명할 수 있는 신분증 소지 여부를 확인한다(외국인 전용 카지노의 경우).
　③ 고객별 노티스를 체크하여 카지노에서 불법 행위를 했는지 여부를 확인한다.
　④ 고객별 노티스를 체크하여 카지노에서 소란 행위를 했는지 여부를 확인한다.
　⑤ 고객별 노티스를 체크하여 카지노에서 영업장 운영을 방해하여 출입이 제한되어 있는지 여부를 확인한다.
　⑥ 가족이나 본인의 요청으로 출입이 금지된 고객인지 여부를 확인한다.
　⑦ 고객이 소지한 여권이 위조 여권인지 여부를 확인한다.

(2) 출입 가능 여부를 최종 판단하여 입장시키거나 퇴장 조치한다.
　출입이 가능하면 영업장으로 안내하지만, 그렇지 않은 경우 퇴장시킨다. 경우에 따라서는 향후 출입을 제한하는 조치를 취할 수도 있다.
　① 신분이 확인된 고객은 영업장으로 안내한다.
　② 출입 금지나 출입 제한이 된 고객은 즉시 출입을 통제한다.
　③ 재입장 시도를 막기 위해 시스템에 기록, 보관한다.
　④ 출입 제한이 해제된 고객은 입장시킨다.

3 영업장 이용과 호텔 정보 안내

NCS 02. 카지노 운영 관리
6. 카지노 고객 지원
1-2 고객 지원

카지노 고객들이 게임 이외의 시간에 이용할 수 있는 호텔의 부대시설(식음료 업장, 사우나 시설, 면세점 시설, 피트니스 클럽, 비즈니스 센터, 미용 시설 등)에 대한 정보를 제공하여 오래 체류할 수 있도록 지원한다.

第十三课　娱乐场服务

실무회화 ① 🎧 13-1

● **娱乐场出入管理** 카지노 출입 관리

服务员　对不起，娱乐场禁止青少年入场。
　　　　Duìbuqǐ, yúlèchǎng jìnzhǐ qīngshàonián rùchǎng.

顾客　　我不是青少年，我是成人啊！
　　　　Wǒ búshì qīngshàonián, wǒ shì chéngrén a!

服务员　请出示一下您的护照。
　　　　Qǐng chūshì yíxià nín de hùzhào.

　　　　不好意思，您显得太年轻了。
　　　　Bù hǎo yìsi, nín xiǎnde tài niánqīng le.

顾客　　谢谢你的夸奖。现在可以进去了吗？
　　　　Xièxie nǐ de kuājiǎng. Xiànzài kěyǐ jìnqù le ma?

服务员　不好意思，赌场规定，入场时不能携带任何
　　　　Bù hǎo yìsi, dǔchǎng guīdìng, rùchǎng shí bùnéng xiédài rènhé

　　　　酒水饮料。
　　　　jiǔshuǐ yǐnliào.

140

顾客　　矿泉水也不可以吗？
　　　　Kuàngquánshuǐ yě bù kěyǐ ma?

服务员　很抱歉，按照①规定是不可以的。
　　　　Hěn bàoqiàn, ànzhào guīdìng shì bù kěyǐ de.
　　　　要不②您可以利用场内免费提供的饮品。
　　　　Yàobù nín kěyǐ lìyòng chǎngnèi miǎnfèi tígōng de yǐnpǐn.

顾客　　没办法，只能扔了。
　　　　Méi bànfǎ, zhǐnéng rēng le.

服务员　请将贵重物品妥善保管好，谢谢您的配合！
　　　　Qǐng jiāng guìzhòng wùpǐn tuǒshàn bǎoguǎn hǎo, xièxie nín de pèihé!

실무회화 ②

🎧 13-2

● 娱乐场顾客管理 카지노 고객 관리

服务员 晚上好！这是我们娱乐场利用指南，请您参考。
Wǎnshang hǎo! Zhè shì wǒmen yúlèchǎng lìyòng zhǐnán, qǐng nín cānkǎo.

顾客 我是第一次访问你们娱乐场，有专门说明
Wǒ shì dì yī cì fǎngwèn nǐmen yúlèchǎng, yǒu zhuānmén shuōmíng

玩儿法的服务员吗？
wánrfǎ de fúwùyuán ma?

服务员 柜台的旁边设有客服中心，他们会为您提供
Guìtái de pángbiān shèyǒu kèfú zhōngxīn, tāmen huì wèi nín tígōng

说明服务的。
shuōmíng fúwù de.

顾客 我听说内设休息室，找来找去[3]怎么也找不到。
Wǒ tīngshuō nèishè xiūxishì, zhǎolái zhǎoqù zěnme yě zhǎobúdào.

服务员 请往大厅里面走，往右拐就是。旁边还有
Qǐng wǎng dàtīng lǐmiàn zǒu, wǎng yòu guǎi jiùshì. Pángbiān hái yǒu

迷你吧，饮品也好，零食也好，应有尽有。
mínǐbā, yǐnpǐn yě hǎo, língshí yě hǎo, yīngyǒu jìnyǒu.

| 顾客 | 除了桌面游戏外，还^④有其他电子游戏吗？
Chú le zhuōmiàn yóuxì wài, hái yǒu qítā diànzǐ yóuxì ma?

| 服务员 | 轮盘赌、黑杰克、巴卡拉、加勒比海扑克、
Lúnpándǔ、Hēijiékè、Bākǎlā、Jiālèbǐhǎi pūkè、

老虎机等最新游戏设备齐全。
Lǎohǔjī děng zuì xīn yóuxì shèbèi qíquán.

새 단어

실무회화 ① 🎧 13-3

- 娱乐场 yúlèchǎng 〔명〕 오락장. 카지노
- 禁止 jìnzhǐ 〔동〕 금지하다. 불허하다
- 显得 xiǎnde 〔동〕 ~하게 보이다. ~인 것처럼 보이다
- 夸奖 kuājiǎng 〔동〕 칭찬하다
- 赌场 dǔchǎng 〔명〕 도박장. 노름판
- 规定 guīdìng 〔명〕〔동〕 규정(하다)
- 携带 xiédài 〔동〕 휴대하다. 지니다
- 任何 rènhé 〔대〕 어떠한. 무슨
- 按照 ànzhào 〔개〕 ~에 의해. ~에 따라
- 要不 yàobù 〔접〕 ~하든지. ~하거나/ 그렇지 않으면. 안 그러면
- 利用 lìyòng 〔명〕〔동〕 이용(하다)
- 提供 tígōng 〔동〕 (자료·의견 등을) 제공하다. 공급하다
- 只能 zhǐnéng 〔동〕 ~할 수밖에 없다. 다만 ~할 수 있을 뿐이다
- 扔 rēng 〔동〕 내버리다
- 贵重物品 guìzhòng wùpǐn 〔명〕 귀중품
- 妥善 tuǒshàn 〔형〕 나무랄 데 없다. 적당하다
- 配合 pèihé 〔동〕 협력하다. 호응하다

실무회화 ② 🎧 13-4

- 指南 zhǐnán 〔명〕 지침서. 입문서
- 专门 zhuānmén 〔부〕 전문적으로. 오로지
- 设有 shèyǒu 〔동〕 설치되어 있다
- 客服 kèfú 〔명〕 고객 서비스 [顾客服务의 줄임말]
- 休息室 xiūxishì 〔명〕 휴게실
- 拐 guǎi 〔동〕 방향을 바꾸다. 돌아가다
- 迷你吧 mínǐbā 〔명〕 미니바(mini bar)
- 零食 língshí 〔명〕 간식. 군것질
- 应有尽有 yīngyǒu jìnyǒu 〔성〕 없는 것이 없다. 모두 갖추어져 있다
- 游戏 yóuxì 〔명〕 게임. 놀이
- 轮盘赌 Lúnpándǔ 〔명〕 룰렛 게임
- 黑杰克 Hēijiékè 〔명〕 블랙잭 [카드놀이의 일종]
- 巴卡拉 Bākǎlā 〔명〕 바카라 [baccarat: 카드놀이의 일종]
- 加勒比海 Jiālèbǐhǎi 〔고유〕 카리브(Caribbean)해
- 扑克 pūkè 〔명〕 포커. 트럼프
- 老虎机 Lǎohǔjī 〔명〕 슬롯머신(slot machine)
- 齐全 qíquán 〔동〕 완전히 갖추다

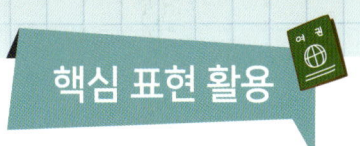

핵심 표현 활용

01 按照规定是不可以的。

'按照'는 '~에 따라서'의 의미로 '어떤 것을 기준으로 삼음'을 나타내는 전치사이다.

- 按照规定，你们不能用钱，去那儿买筹码来用吧。
  규정에 따라, 돈을 사용해서는 안 되고, 저기에 가서 칩을 사서 사용하세요.

- 按照韩国法律，青少年不能买烟酒。 한국 법률에 따르면, 청소년은 술과 담배를 살 수 없습니다.

> **활용** 다음 중에서 적당한 표현을 골라 자연스러운 문장을 완성하세요.
>
> **보기**   原来的计划， 父母说的
>
> ① 好孩子，应该按照_____去做。
>
> ② 按照_____去办就可以了。

02 要不您可以利用场内免费提供的饮品。

예문의 '要不'는 '~하거나', '~하든지'의 의미로 '하나를 선택할 수 있음'을 나타내는 접속사이다. 이 외에 '그렇지 않으면'의 의미를 나타내기도 하는데, 이 경우는 '앞 절에 말한 상황대로 하지 않으면 뒷 절의 상황이 됨'을 나타낸다. 주로 구어체에 쓰이고, 이 경우는 '不然', '要不然(……的话)', 서면어의 '否则' 등과 같은 의미이다.

- 你对这游戏的玩儿法不太熟悉，要不你过去看看别人怎么玩儿二十一点。
  너는 게임 방법을 잘 모르니까, 가서 다른 사람들이 블랙잭을 어떻게 하는지 좀 보든지.

- 明天早上7点叫醒我，要不我会睡过头的。
  내일 아침 7시에 저를 깨워주세요. 그렇지 않으면 저 늦잠 잘 것 같아요.

단어 筹码 chóumǎ 명 칩 | 法律 fǎlǜ 명 법률 | 原来 yuánlái 부 원래 | 烟酒 yānjiǔ 명 담배와 술 | 计划 jìhuà 명 계획 | 不然 bùrán 접 그렇지 않으면 | 要不然(……的话) yàobùrán(……de huà) 그렇지 않으면 | 否则 fǒuzé 접 만약 그렇지 않으면 | 熟悉 shúxī 동 익숙하다 | 二十一点 èrshíyī diǎn 명 블랙잭 | 叫醒 jiàoxǐng 동 깨우다 | 睡过头 shuìguòtóu 동 늦잠 자다

활용 정답 1. ① 父母说的 ② 原来的计划

> **활용** 다음 제시된 것을 활용하여 문장을 완성하세요.
>
> ① 你还是坐车去吧，_____了。（来不及, 要不）
>
> ② 你对赌博一点儿兴趣都没有。_____。（休息, 要不, 回饭店）

03 我听说内设休息室，找来找去怎么也找不到。

'동사 + 来 + 동사 + 去'는 어떤 동작이 여러 번 중복되거나 계속됨을 나타내는 문형이다.

- **看来看去**，没有你这样整天在赌场的，我们回酒店吧。
  계속 봐도 너처럼 종일 카지노에 있는 사람은 없으니 우리 호텔로 돌아가자.

- 你不要在这里**走来走去**，会打扰客人玩儿游戏。
  당신 여기서 왔다갔다하지 마세요. 손님들이 게임하는 데 방해됩니다.

> **활용** '…来…去' 구문을 활용하여 괄호 안의 동사로 적당한 문장을 만들어보세요.
>
> ① 老师不在，教室里的小学生_____，真乱。（跑）
>
> ② _____，没有看到像你这样运气好的人。（看）

단어 赌博 dǔbó 동 도박하다 | 兴趣 xìngqù 명 흥미 | 整天 zhěngtiān 명 종일 | 赌场 dǔchǎng 명 도박장 | 打扰 dǎrǎo 동 방해하다 | 乱 luàn 형 어지럽다. 무질서하다 | 运气 yùnqi 명 운. 운수

활용 정답 2.① 要不来不及 ② 要不回饭店休息 3.① 跑来跑去 ② 看来看去

핵심 표현 활용

04 除了桌面游戏外，还有其他电子游戏吗?

'除了……'란 '~외에'의 의미인데, 예문처럼 '还', '也' 등과 호응하며 '~외에 …도'의 의미로 '추가'를 나타내기도 하고, '都', '不' 등과 호응하면 '~외에 모두, ~외에 …않다' 등으로 '배제'의 의미를 나타내기도 한다.

- 这个游戏很简单，除了常客以外，第一次玩儿的人也非常喜欢。
  이 게임은 간단해서, 자주 오는 손님 외에 처음 하는 사람들도 아주 좋아한답니다.

- 这个赌场除了外国人以外，国内人都不能入场。
  이 카지노는 외국인 외에 내국인은 들어오실 수 없습니다.

활용 다음 중에서 적당한 부사를 골라 자연스러운 문장을 완성하세요.

보기　　　还，都

① 除了这周末，我（　　）无所谓，你选日子吧。
② 除了英语，你（　　）会说哪种外语?

단어 简单 jiǎndān 형 간단하다 | 常客 chángkè 명 단골 손님 | 国内 guónèi 명 국내 | 无所谓 wúsuǒwèi 상관없다 | 选 xuǎn 동 고르다 | 日子 rìzi 명 날 | 外语 wàiyǔ 명 외국어

활용 정답 4. ① 都　② 还

연습문제

01 아래 빈칸에 들어갈 알맞은 표현을 넣어 대화를 완성해 보세요.

> 服务员　对不起，先生，入场时不能_____任何酒水饮料。
> 顾客　　矿泉水也不可以吗？
> 服务员　_____规定是不可以的。_____您可以利用场内免费提供的饮品。
> 顾客　　没办法，_____扔了。有_____说明玩儿法的服务员吗？
> 服务员　柜台的旁边设有_____，他们会为您提供说明服务的。
> 顾客　　我听说内设休息室，_____怎么也找不到。
> 服务员　请___大厅里面走，___右拐就是。旁边还有迷你吧，饮品_____，零食_____，应有尽有。
> 顾客　　_____桌面游戏外，___有其他电子游戏吗？
> 服务员　轮盘赌、黑杰克等最新游戏设备_____。

02 다음 보기를 참조하여 그림과 알맞은 상황을 중국어로 표현해 보세요.

실력 보태기

🎵 13-5

회화로 배운 내용을 서술문으로 익혀본 후 확인문제를 풀어보세요.

　　娱乐场服务员应主动为客人进行场内设施和游戏的介绍。客人选择好游戏后，给客人准确、及时地提供咨询指导服务。在客人娱乐活动的过程中，服务员应不断地观察客人，发现客人有什么需求。初来的顾客或常客遇到新型的游戏设备时，服务员应提供示范，同时向客人讲明注意事项。对破游戏记录的客人表示祝贺，并按规定发放奖品。在客人休息的时候，及时向客人提供面巾和酒水饮料服务。对违章使用游戏设备、赌博以及使用假游戏币的客人及时予以制止。

> **Check!**
> 위의 서술문과 다음 문장의 내용이 일치하면 O, 일치하지 않으면 X 표시를 하시오.
>
> ① 服务员不需要主动向客人进行娱乐场设施和游戏的说明。　　(　　)
> ② 客人选择好游戏以后就不用给客人提供咨询指导服务了。　　(　　)
> ③ 初来的顾客或常客遇到新型的游戏设备，服务员不需提供示范。(　　)
> ④ 客人休息时要及时提供面巾、饮料等。　　　　　　　　　　(　　)

단어

主动 zhǔdòng	형 자발적인. 능동적인	示范 shìfàn	명/동 시범(을 보이다)
选择 xuǎnzé	동 선택하다	讲明 jiǎngmíng	동 분명하게 이야기하다
咨询 zīxún	동 자문하다. 상의하다	破记录 pò jìlù	기록을 깨다
指导 zhǐdǎo	동 지도하다	祝贺 zhùhè	동 축하하다. 경하하다
过程 guòchéng	명 과정	奖品 jiǎngpǐn	명 상품. 포상. 트로피
不断地 búduàn de	부 끊임없이	违章 wéizhāng	동 규정을 위반하다
观察 guānchá	동 관찰하다	赌博 dǔbó	동 노름하다. 도박하다
常客 chángkè	명 단골 손님. 늘 오는 손님	予以 yǔyǐ	동 ~을(를) 주다
设备 shèbèi	명 설비. 시설	制止 zhìzhǐ	동 제지(저지)하다

Check! 정답　① X　② X　③ X　④ O

第十四课

商务中心服务

비즈니스 센터 서비스

> **학습목표**
> 1. 호텔 기기의 사용 가능 여부 및 사용 방법에 대해 고객에게 설명할 수 있다.
> 2. 고객 요청에 근거하여 회의 규모 및 인원을 파악하고 적절한 회의실을 안내하고 대여할 수 있다.
> 3. 다양한 통번역 요청에 따라 통번역 서비스를 고객에게 설명할 수 있다.

미리 알아두기

비즈니스 센터 업무란 고객이 비즈니스 업무를 수행하는 데 도움을 제공하기 위해 회의실 관리, 비서 업무 대행, 기기 대여 및 사용법을 설명하고 사용 시간 단위로 요금을 청구하는 능력이다. 이 능력단위에서는 비즈니스 센터 회의실 대여와 관리에 대해 이해해야 한다.

NCS 05. 접객 서비스   7. 비즈니스 센터   2-1 회의실 대여와 관리 안내

1 회의실의 제공 및 관리

NCS 05. 접객 서비스
7. 비즈니스 센터
2-1 회의실 대여와 관리 안내

비즈니스 고객들은 관계자들과 회의를 개최하기 위하여 전문 요원과 각종 신식 장비(컴퓨터, 복사기, 팩스 등)가 갖추어진 회의실을 원하는 경우가 많다. 따라서 비즈니스 센터에서는 중·소규모 회의실에 회의나 각종 업무에 필요한 장비를 설치하여 고객에게 대여해주고 있다. 이때 호텔에서는 회의 규모 및 인원을 파악하여 회의 진행이 가능한 적절한 회의실을 찾아 고객이 원하는 인원수에 맞게 준비하여 제공하여야 한다.

2 회의실의 운영

NCS 05. 접객 서비스
7. 비즈니스 센터
2-1 회의실 대여와 관리 안내

사업상이나 그 밖의 환담 및 회의를 할 수 있는 장소로 회의실을 제공한다. 회의용 테이블 및 의자 등과 같은 각종 사무용 기기와 컴퓨터는 물론 화상 회의, 빔 프로젝터, 스피커폰 등의 주요 기자재, 메모 용지첩 등을 준비하여 고객에게 최대한 만족할 수 있는 회의 환경을 제공해야 한다.

※ 비즈니스 센터의 회의실 운영 절차
① 고객이 원하는 사무실 기구가 무엇인지 주의해서 듣는다.
② 고객에게 비용을 안내한다.
③ 원하는 시간과 장소를 묻는다.
④ 고객의 요구 사항에 따라 회의실의 예약이 가능한지 확인한다.
　만약 회의실의 대여가 불가능하다면 다른 날짜, 유사한 회의실 순으로 추천한다.
⑤ 고객이 원하는 대로 예약을 받는다.
　고객의 성함, 객실 번호를 확인하고, 예약 장부를 사용하여 육하원칙에 입각하여 기입한다.
⑥ 예약 사항에 따라 행동을 한다.
　예약 시간이 임박하면 다시 한 번 관련 부서와 필요한 세팅을 확인하고, 고객의 요구에 맞게 일 처리가 되었는지 확인한다.
⑦ 비즈니스 센터 바우처에 고객의 서명을 받는다.
　날짜, 단가 및 합계를 자세하게 적고, 고객 성함과 객실 번호를 다시 확인한다.

실무회화 ① 🎧 14-1

● **商务中心客户应对** 비즈니스 센터 고객 응대

顾客　　您好，会议室里的传真怎么发不过去①呢？
　　　　Nín hǎo, huìyìshì lǐ de chuánzhēn zěnme fā bu guòqù ne?

服务员　您要发国际传真，还是国内传真呢？
　　　　Nín yào fā guójì chuánzhēn, háishi guónèi chuánzhēn ne?

顾客　　国内传真。
　　　　Guónèi chuánzhēn.

服务员　拨打外线电话时请先摁"9"号，然后再拨打
　　　　Bōdǎ wàixiàn diànhuà shí qǐng xiān èn "jiǔ" hào, ránhòu zài bōdǎ

　　　　电话号码。
　　　　diànhuàhàomǎ.

顾客　　那我待会儿再试试吧。
　　　　Nà wǒ dāihuìr zài shìshi ba.

　　　　我想打印一份资料，得上哪儿去办呢？
　　　　Wǒ xiǎng dǎyìn yí fèn zīliào, děi shàng nǎr qù bàn ne?

服务员　隔壁的"行政办公室"里面有复印机和打印机。
　　　　Gébì de "xíngzhèng bàngōngshì" lǐmiàn yǒu fùyìnjī hé dǎyìnjī.

| 顾客 | 我有②份样品要寄到釜山，附近有邮局吗？
Wǒ yǒu fèn yàngpǐn yào jìdào Fǔshān, fùjìn yǒu yóujú ma?

| 服务员 | 若想寄快递，我不妨告诉您快递公司的
Ruò xiǎng jì kuàidì, wǒ bùfáng gàosu nín kuàidì gōngsī de

电话号码，您可以让他们来取货。
diànhuàhàomǎ, nín kěyǐ ràng tāmen lái qǔhuò.

실무회화 ②

🎧 14-2

● **会议室规格介绍** 회의실 규격 소개

顾客　　请问酒店会议室的规模和形式如何③？
　　　　Qǐngwèn jiǔdiàn huìyìshì de guīmó hé xíngshì rúhé?

服务员　我们酒店共有8个会议室，最大的会议室可以
　　　　Wǒmen jiǔdiàn gòng yǒu bā ge huìyìshì, zuì dà de huìyìshì kěyǐ

　　　　容纳120余人。
　　　　róngnà yìbǎi èrshí yú rén.

顾客　　会议室包括些什么设施？
　　　　Huìyìshì bāokuò xiē shénme shèshī?

服务员　有麦克风、大型屏幕，还有无线网络和
　　　　Yǒu màikèfēng、dàxíng píngmù, háiyǒu wúxiàn wǎngluò hé

　　　　一台手提电脑。
　　　　yì tái shǒutí diànnǎo.

　　　　我们酒店还提供中、韩、日翻译服务。
　　　　Wǒmen jiǔdiàn hái tígōng Zhōng、Hán、Rì fānyì fúwù.

顾客　　好极了④，那就够用了，翻译员倒是不需要。
　　　　Hǎo jíle, nà jiù gòu yòng le, fānyìyuán dàoshì bù xūyào.

　　　　会议室的价格如何？
　　　　Huìyìshì de jiàgé rúhé?

服务员 由于我们酒店正准备优惠活动，所以有关价格的
Yóuyú wǒmen jiǔdiàn zhèng zhǔnbèi yōuhuì huódòng, suǒyǐ yǒuguān jiàgé de

问题稍后我会通知我们的销售部经理，
wèntí shāohòu wǒ huì tōngzhī wǒmen de xiāoshòubù jīnglǐ,

让他联系您后再详谈，您看可以吗？
ràng tā liánxì nín hòu zài xiángtán, nín kàn kěyǐ ma?

顾客 也好。
Yě hǎo.

服务员 请您留一下公司名称和联系方式好吗？
Qǐng nín liú yíxià gōngsī míngchēng hé liánxì fāngshì hǎo ma?

顾客 国际贸易公司，电话是123-456-78。
Guójì màoyì gōngsī, diànhuà shì yāo èr sān-sì wǔ liù-qī bā.

새 단어

실무회화 ① 🎧 14-3

- 商务中心 shāngwù zhōngxīn 명 비즈니스 센터
- 传真 chuánzhēn 명 팩시밀리. 팩스
- 发 fā 동 부치다. 발송하다
- 拨打 bōdǎ 동 전화를 걸다
- 外线 wàixiàn 명 (전화의) 외선
- 摁 èn 동 (손가락으로) 누르다 [= 按 àn]
- 然后 ránhòu 접 그런 후에. 그 다음에
- 打印 dǎyìn 동 인쇄하다. 프린트하다
- 隔壁 gébì 명 옆방. 옆집. 이웃
- 行政 xíngzhèng 명 행정. 사무
- 复印机 fùyìnjī 명 복사기
- 样品 yàngpǐn 명 샘플. 견본(품)
- 附近 fùjìn 명 부근. 근처. 가까운 곳
- 若 ruò 접 만일. 만약
- 快递 kuàidì 명 특급 우편. 택배 [特快专递(tèkuài zhuāndì)의 준말]
- 不妨 bùfáng 부 (~하는 것도) 괜찮다. 무방하다
- 取货 qǔhuò 동 (물품을) 넘겨받다

실무회화 ② 🎧 14-4

- 规格 guīgé 명 표준. 규격
- 规模 guīmó 명 규모. 형태
- 形式 xíngshì 명 형식. 형태
- 如何 rúhé 대 어떠한가. 어떠하냐
- 容纳 róngnà 동 수용하다. 넣다
- 余 yú 수 ~여. 나머지
- 麦克风 màikèfēng 명 마이크 [微音器(microphone)의 속칭]
- 屏幕 píngmù 명 영사막. 스크린(screen)
- 无线网络 wúxiàn wǎngluò 명 무선 네트워크
- 手提电脑 shǒutí diànnǎo 명 노트북 컴퓨터
- 翻译 fānyì 동 통역하다. 번역하다
- 够用 gòuyòng 형 충분하다. 넉넉하다
- 翻译员 fānyìyuán 명 통역사
- 倒是 dàoshì 부 오히려. 도리어
- 稍后 shāohòu 명 (시간상) 잠시 뒤. 조금 후
- 销售 xiāoshòu 명 동 판매(하다). 매출(하다)
- 详谈 xiángtán 동 상세히 말하다
- 优惠 yōuhuì 형 특혜의. 할인의

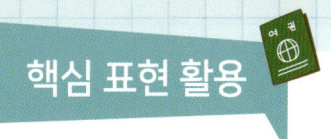

핵심 표현 활용

01 会议室里的传真怎么发不过去呢?

'发不过去'는 '동사 술어(发) + 不 + 방향보어(过去)'의 형태로 불능을 나타내는 가능보어 구문인데, 여기에서 방향보어 '过去'는 '건너가다'의 기본 의미를 나타낸다. 이 밖에 방향보어는 각종 파생 의미를 나타낼 때가 있는데, '过去'는 '좋음 → 나쁨', '정상 → 비정상' 상태로의 변화를 나타내기도 한다.

- 从这儿走过去就是商务中心。 여기서 걸어가시면 바로 비즈니스 센터입니다.
- 可了不得, 他昏过去了! 정말 큰일 났어요. 그가 기절했어요!

● 주요 방향보어의 파생 의미

下去	동작·상태의 진행, 지속	起来	동작·상태의 시작 분산 → 집중 견해
下来	과거부터 현재까지 지속되는 동작 강 → 약으로의 변화	出来	식별 없었던 사물의 출현

- 请你说下去。 계속 말씀하세요.
- 到了七月份, 天气热起来了。 7월이 된 뒤 날씨가 더워지기 시작했어요.
- 这个故事已经传下来好几百年了。 이 이야기는 이미 전해 내려온 지 몇 백 년 됐어요.
- 这机器的故障原因已经找出来了。 이 기계의 고장 원인을 이미 찾았습니다.

활용 다음 중에서 적당한 방향보어를 골라 문장을 완성하세요.

> 보기 下去, 起来, 出来

① 看了那部电影, 大家忽然哭(　　　)了。
② 你们俩真像。我认得(　　　)她是你的女儿。
③ 爷爷, 你讲的故事真有意思。请你说(　　　)吧!

단어 了不得 liǎobudé 휑 큰일 나다. 대단하다 | 昏 hūn 통 의식을 잃다 | 传 chuán 통 전하다 | 机器 jīqì 명 기계 | 故障 gùzhàng 통 고장 나다 | 原因 yuányīn 명 원인 | 忽然 hūrán 튀 갑자기, 홀연 | 认 rèn 통 식별하다

활용 정답 1. ① 起来 ② 出来 ③ 下去

02 我有份样品要寄到釜山，附近有邮局吗?

이는 둘이나 그 이상의 동사(구)가 동일한 주어의 술어로 쓰이는 연동문인데, 예문처럼 앞의 동사가 '有/没有'인 경우 뒤의 동사나 동빈구(동사 + 목적어)는 앞 동사의 목적어를 보충 설명하는 역할을 한다. 이때 해석은 뒤의 동사부터 한다.

- 我有一些资料要发传真。 제가 팩스로 보낼 자료가 조금 있습니다.
- 我有件事情要转告他，请帮我连接到801房间好吗?
  제가 그에게 전할 말이 있어서 그러는데, 801번 방으로 연결 좀 해주시겠습니까?

> **활용** 제시된 단어를 배열하여 알맞은 중국어로 말해 보세요.
>
> ① 想，你，事情，我，有，件，跟，商量
>   저는 당신과 상의하고 싶은 일이 하나 있어요.
>   →
>
> ② 穷，家，小，时候，我，穿，衣服，很，没有，吃，没有，饭
>   어렸을 때, 우리 집은 가난했어요. 먹을 밥도, 입을 옷도 없었어요.
>   →

03 请问酒店会议室的规模和形式如何?

'如何'는 '어떠한가', '어떠냐'의 의미로 의견을 묻는 대명사이다. '어떻게'의 의미로 방법이나 방식을 묻기도 한다. '怎么样'도 같은 의미이나 구어체에서 많이 쓰인다.

- 那么，你先付10%的押金，如何? 그러면 먼저 10%의 보증금을 내시는 것이 어떨까요?
- 如果有人取消，我会跟你联络的。怎么样?
  누가 취소를 하면 제가 당신께 연락드리겠습니다. 어떠세요?

단어 资料 zīliào 명 자료 | 转告 zhuǎngào 동 (말을) 전하다 | 商量 shāngliang 동 상의하다 | 穷 qióng 동 가난하다 | 付 fù 동 돈을 지급(지불)하다 | 押金 yājīn 명 보증금. 담보금 | 取消 qǔxiāo 동 취소하다 | 联络 liánluò 동 연락하다

활용 정답 2. ① 我有件事情想跟你商量。 ② 小时候，我家很穷，没有饭吃，没有衣服穿。

핵심 표현 활용

> **활용** 다음을 한국어로 해석하세요.
>
> ① 最近欧洲的经济情况如何?
> → _____
>
> ② 你期末考试考得怎么样?
> → _____

04 好极了，那就够用了。

'……极了'는 형용사나 심리를 나타내는 동사 뒤에서 '정도가 심함'을 나타내는 표현이다. 이 경우 '很', '非常', '太' 등의 수식을 받을 수 없다. 비슷한 의미의 '……坏了', '……死了', '……透了'도 정도의 심함을 나타내지만 주로 좋지 않은 뜻에 쓰인다.

- 这个打印机好极了。 이 프린터 정말 좋네요.

- 订会议室麻烦透了，怎么这么复杂?
  회의실 예약하는 거 정말 번거롭네요. 어쩌면 이렇게 복잡하지요?

> **활용** 다음의 문장 표현이 자연스러운지 아닌지 말해 보세요.
>
> ① 我热死了，你赶快开空调吧！　　　　　　（〇, ×）
> ② 棒坏了! 我得了第一名!　　　　　　　　（〇, ×）

단어 欧洲 Ōuzhōu [고유] 유럽 | 经济 jīngjì [명] 경제 | 期末 qīmò [명] 학기말 | 考 kǎo [동] 시험 보다 | 麻烦 máfan [형] 귀찮다. 성가시다 | 透 tòu [형] 대단하다 | 复杂 fùzá [형] 복잡하다 | 赶快 gǎnkuài [부] 빨리. 어서 | 得 dé [동] 얻다. 획득하다 | 第一名 dìyīmíng [명] 제1위

활용 정답 3. ① 요새 유럽의 경제 상황이 어떤가요? ② 너 기말고사 어떻게 봤니? 4. ① 〇 ② ×

第十四课 商务中心服务

연습문제

01 아래 빈칸에 들어갈 알맞은 표현을 넣어 대화를 완성해 보세요.

> 顾客　请问酒店会议室的＿＿＿和＿＿＿如何？
> 服务员　我们酒店共有8个会议室，最大的会议室可以＿＿＿120余人。
> 顾客　会议室包括些什么＿＿＿？
> 服务员　有麦克风、大型屏幕，还有无线网络和一台手提电脑。
> 　　　　我们酒店还＿＿＿中、韩、日翻译服务。
> 顾客　会议室的价格＿＿＿？
> 服务员　＿＿＿价格的问题，稍后我会通知我们的销售部经理，让他给您＿＿＿后再＿＿＿。请您留一下公司＿＿＿和＿＿＿好吗？
> 顾客　国际贸易公司，电话是123-456-78。

02 다음 보기를 참조하여 그림과 알맞은 상황을 중국어로 표현해 보세요.

① 보기　外线电话

② 보기　规模和形式

③ 보기　容纳⋯余人

④ 보기　销售部经理

실력 보태기

🎵 14-5

회화로 배운 내용을 서술문으로 익혀본 후 확인문제를 풀어보세요.

　　接受店内客人的会议室预订须问清姓名、房间号并告诉客人租金。店外客人来电话预订会议室须留下客人的姓名和电话号码。询问是否需要饮品，如茶、咖啡、点心等；询问是否需要投影仪、录像机、放大机等等。如客人只租用打印机，须将打印机型号告知客人。在会议室出租一小时前检查会议室布置规格和用品摆放，确保为客人提供整洁、舒适的开会环境。当客人提出需要秘书或翻译服务时，首先要了解专业范围、语种等具体要求，并向客人报价。提供秘书服务时，询问客人对秘书工作的需求、时间安排、注意事项、秘书工作的文具用品单，事后主动征求客人意见。

Check!

위의 서술문과 다음 문장의 내용이 일치하면 O, 일치하지 않으면 X 표시를 하시오.

① 如果是住酒店的客人预订会议室，就不必问清客人的姓名。　　（　　）
② 会议开始一小时前要检查会议室的布置规格和用品摆放。　　（　　）
③ 客人需要翻译服务时服务员要了解翻译内容的专业范围。　　（　　）
④ 提供秘书服务后要主动征求客人意见。　　（　　）

□ 须 xū	조동	반드시 ~하여야 한다. ~할 필요가 있다	□ 出租 chūzū	동	임대하다. 빌려주다
□ 问清 wènqīng	동	분명히 묻다	□ 布置 bùzhì	동	(각종 물건을) 진열하다. 배치하다
□ 租金 zūjīn	명	임대료	□ 摆放 bǎifàng	동	진열하다. 배열하다. 나열하다
□ 询问 xúnwèn	동	알아보다. 물어 보다	□ 确保 quèbǎo	동	확보하다. 확실히 보장하다
□ 投影仪 tóuyǐngyí	명	오버헤드 프로젝터	□ 整洁 zhěngjié	형	단정하고 깨끗하다. 말끔하다
□ 录像机 lùxiàngjī	명	비디오 테이프 리코더(VTR)	□ 舒适 shūshì	형	편(안)하다. 쾌적하다
□ 放大机 fàngdàjī	명	사진 확대기	□ 秘书 mìshū	명	비서
□ 租用 zūyòng	동	조차하다. 임대하다	□ 范围 fànwéi	명	범위
□ 型号 xínghào	명	모델. 사이즈. 타입	□ 报价 bàojià	동	가격을 알리다
□ 告知 gàozhī	동	알리다. 알려주다	□ 征求 zhēngqiú	동	(서면이나 구두로) 묻다

Check! 정답　① X　② O　③ O　④ O

第十四课 商务中心服务

第十五课
退房服务

체크아웃 서비스

학습목표
1. 객실 번호, 고객 이름, 객실 키 등을 통해 체크아웃하는 고객을 인지하고 응대할 수 있다.
2. 호텔 운영 시스템을 통해 고객이 추가로 지불해야 할 요금을 검토할 수 있다.
3. 최종 정산을 통해 사용 내역을 고객에게 제시하고 설명할 수 있다.

미리 알아두기

체크아웃(Check Out)이란 투숙객 정보 확인, 추가 사용 내역(Bill) 확인, 최종 내역 확인과 계산을 통해 최종 정산을 하며 따뜻한 환송 인사와 함께 재방문을 유도하는 능력이다. 이 능력단위에서는 체크아웃과 고객 환송하기에 대해 이해해야 한다. NCS 02. 객실 관리 6. 체크아웃

1 체크아웃의 목적 및 사전 작업
NCS 02. 객실 관리
6. 체크아웃
1-1 체크아웃 시스템 이해

체크아웃은 호텔 직원이 고객과 접촉할 수 있는 마지막 기회라고 할 수 있다. 고객은 호텔에서 체크아웃을 하면서 마지막으로 호텔에 대한 좋은 이미지를 갖게 될 때, 호텔에 재방문할 수 있는 계기가 생길 뿐만 아니라 다른 사람에게 투숙했던 호텔을 추천할 수도 있다.

고객에게 신속하고 정확한 체크아웃 서비스를 제공하기 위해, 체크아웃 예정 고객 명단과 지불 금액 등 기본 정보가 기록되어 있는 출발 예정 고객 명단을 출력하여 확인한다. 본 명단을 통하여 체크아웃 고객을 사전에 파악하고, 체크아웃 시간 및 특이 사항을 확인할 수 있다.

2 체크아웃 추가 요금 및 시스템 추가 사용 확인 절차
NCS 02. 객실 관리
6. 체크아웃
2-1 추가 사용 내역 확인 및 최종 내역 계산하기

(1) 내역서(Invoice)를 프린트하여 고객에게 제시한다.
(2) 객실 요금 및 추가로 사용한 내역(부대시설, 인터넷, 전화, 유료 TV, 세탁 서비스, 룸서비스, 현금 서비스 등)에 대하여 확인한다.
(3) 미니바 등 추가 사용 내역이 있을 경우, 현장에서 추가로 입력한다.
(4) 필요 시, 고객에게 상세 내역을 자세히 설명한다.

3 고객 환송
NCS 02. 객실 관리
6. 체크아웃
3-2 고객 환송 절차에 대한 이해

프런트데스크 직원은 고객 환송 시 반드시 호텔을 이용해주신 것에 대한 감사를 표하고 재방문을 유도하도록 한다.

※ 고객 환송 절차
① 고객에게 교통편(공항 셔틀버스, 택시, 발렛 등) 예약 여부를 확인한다.
② 고객이 예약했을 경우, 예약 내용을 확인하여 고객을 안내한다.
③ 고객이 예약하지 않았을 경우, 교통편 사용 여부를 확인한다.
④ 고객에게 교통편을 안내하여, 적절한 교통수단 사용을 돕는다.
⑤ 고객 요청 시 벨 데스크를 통해 수하물 서비스를 제공한다.
⑥ 환송 시 고객에게 정중한 태도로 감사를 표한다.

第十五课 退房服务

실무회화 ① 🎧 15-1

● 退房询问 체크아웃 요청

顾客　　我这里是8203房间，我想退房。
　　　　Wǒ zhè li shì bā èr líng sān fángjiān, wǒ xiǎng tuìfáng.

服务员　好的，女士。您什么时候结账？
　　　　Hǎo de, nǚshì. Nín shénme shíhou jiézhàng?

顾客　　我正要下去结账，先帮我办理退房手续吧，
　　　　Wǒ zhèng yào xiàqù jiézhàng, xiān bāng wǒ bànlǐ tuìfáng shǒuxù ba,

　　　　省得①费时间。
　　　　shěngde fèi shíjiān.

服务员　请问您在房间里有什么其他消费的吗？
　　　　Qǐngwèn nín zài fángjiān lǐ yǒu shénme qítā xiāofèi de ma?

　　　　比如迷你吧或者其他生活用品什么的②。
　　　　Bǐrú mínǐbā huòzhě qítā shēnghuó yòngpǐn shénme de.

顾客　　一瓶矿泉水和一碗方便面。
　　　　Yì píng kuàngquánshuǐ hé yì wǎn fāngbiànmiàn.

　　　　矿泉水和泡面是免费提供的吧？
　　　　Kuàngquánshuǐ hé pàomiàn shì miǎnfèi tígōng de ba?

服务员　是免费的。需要我们把您的行李运下去吗?
Shì miǎnfèi de. Xūyào wǒmen bǎ nín de xíngli yùnxiàqù ma?

顾客　哦,太好了,谢谢!
Ò, tài hǎo le, xièxie!

还有洗手间里的玻璃杯被③我弄碎了。
Háiyǒu xǐshǒujiān lǐ de bōlibēi bèi wǒ nòngsuì le.

服务员　好的,我马上叫人过去查对一下。
Hǎo de, wǒ mǎshàng jiào rén guòqù cháduì yíxià.

会有一些赔偿的,请您见谅。
Huì yǒu yìxiē péicháng de, qǐng nín jiànliàng.

실무회화 ②

● 退房服务 체크아웃 서비스

顾客　602房间退房，这是房卡。
　　　Liù líng èr fángjiān tuìfáng, zhè shì fángkǎ.

服务员　请稍等。您消费了送餐服务和洗衣服务，
　　　　Qǐng shāo děng. Nín xiāofèi le sòngcān fúwù hé xǐyī fúwù,
　　　　我马上帮您核对一下金额。
　　　　wǒ mǎshàng bāng nín héduì yíxià jīn'é.

顾客　拜托你快一点儿，不然赶不上飞机了。
　　　Bàituō nǐ kuài yìdiǎnr, bùrán gǎnbushàng fēijī le.

服务员　需要我帮您叫辆出租车吗？
　　　　Xūyào wǒ bāng nín jiào liàng chūzūchē ma?

顾客　没事儿，机场巴士**快要**到**了**④。
　　　Méishìr, jīchǎng bāshì kuàiyào dào le.

服务员　您的房费已支付完，至于其他消费金额还是
　　　　Nín de fángfèi yǐ zhīfù wán, zhìyú qítā xiāofèi jīn'é háishi
　　　　用信用卡支付吗？
　　　　yòng xìnyòngkǎ zhīfù ma?

顾客	可以用支付宝吗？ Kěyǐ yòng Zhīfùbǎo ma?
服务员	可以，请扫一下这个二维码。 Kěyǐ, qǐng sǎo yíxià zhè ge èrwéimǎ. 这是您的账单，请查阅。 Zhè shì nín de zhàngdān, qǐng cháyuè.
顾客	对，没问题。在这里签字就可以了吗？ Duì, méi wèntí. Zài zhè li qiānzì jiù kěyǐ le ma?
服务员	是的。这是给您的发票，请收好。 Shì de. Zhè shì gěi nín de fāpiào, qǐng shōuhǎo. 欢迎下次光临，再见！ Huānyíng xiàcì guānglín, zàijiàn!

새 단어

실무회화 ① 15-3

- 退房 tuìfáng 동 퇴거하다. 체크아웃하다
- 结账 jiézhàng 동 계산하다. 결산하다
- 办理 bànlǐ 동 처리하다. (수속을) 밟다
- 省得 shěngde 접 ~하지 않도록
- 费时间 fèi shíjiān 시간이 걸리다
- 消费 xiāofèi 명 동 소비(하다)
- 迷你吧 mínǐbā 명 미니바(mini bar)
- 生活用品 shēnghuó yòngpǐn 명 생활용품
- 碗 wǎn 양 그릇. 공기. 사발
- 方便面 fāngbiànmiàn 명 라면
- 泡面 pàomiàn 명 인스턴트 라면
- 玻璃杯 bōlibēi 명 유리잔. 유리컵
- 弄碎 nòngsuì 동 깨트리다. 부스러뜨리다
- 叫 jiào 동 명령하다. ~시키다
- 查对 cháduì 동 조사하여 대조하다
- 赔偿 péicháng 동 배상하다. 변상하다
- 见谅 jiànliàng 동 용서를 빌다. 양해를 구하다

실무회화 ② 15-4

- 核对 héduì 동 대조 확인(검토)하다
- 金额 jīn'é 명 금액
- 拜托 bàituō 동 (삼가) 부탁드립니다. 부탁드리다
- 赶不上 gǎnbushàng 동 (정해진 시간에) 대지 못하다. 늦다
- 支付 zhīfù 동 지불하다. 내다
- 至于 zhìyú 개 ~으로 말하면. ~에 관해서는
- 支付宝 Zhīfùbǎo 명 알리페이 [중국 모바일 전자결제 앱]
- 扫 sǎo 동 (바코드 등을) 찍다
- 二维码 èrwéimǎ 명 2차원 바코드. QR 코드
- 账单 zhàngdān 명 계산서. 명세서
- 查阅 cháyuè 동 열람하다. 찾아서 읽다
- 签字 qiānzì 동 (문서·계약서 등에) 서명하다
- 发票 fāpiào 명 영수증

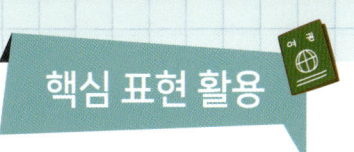

핵심 표현 활용

01 先帮我办理退房手续吧，**省得**费时间。

'省得'는 '~하지 않도록, ~하지 않기 위해서'라는 의미의 접속사로 뒷 절의 첫 머리에 사용하여 목적을 나타내는 복문을 구성한다. 같은 의미인 '以免'은 주로 서면어에 쓰인다.

- 我们提前退房吧，**省得**赶不上飞机。 비행기 못타는 일이 없게 우리 미리 체크아웃하죠.

- 我给你发票，好好儿确认一下，**省得**以后出麻烦。
  영수증을 드릴 테니 나중에 문제 생기지 않도록 잘 확인하세요.

> **활용** 다음 제시된 단어를 활용하여 자연스러운 문장을 완성하세요.
>
> ① 开车一定要注意，＿＿＿＿＿＿＿＿＿＿＿＿＿＿＿。
>   (交通事故, 以免, 发生)
>
> ① 我们分期付款吧，＿＿＿＿＿＿＿＿＿＿＿＿＿＿＿＿＿＿＿＿＿。
>   (省得, 大, 经济, 负担, 下个月, 的, 太)

02 比如迷你吧或者其他生活用品**什么的**。

'什么的'는 '~같은 것', '~등'의 의미로 한 개의 성분이나 나열하는 말 뒤에 사용되는 대명사이다. '等等'과 같은 의미인데, 구어에서 많이 쓰인다.

- 我对你们的服务非常满意。尤其是韩国餐厅特别好，我很喜欢参鸡汤、烤肉、冷面**什么的**。
  저는 여기 서비스에 아주 만족해요. 특히 한식당이 정말 좋았는데요. 저는 삼계탕, 불고기, 냉면 같은 게 좋아요.

- 您饮用了小冰箱里的饮料吗？可乐、啤酒**什么的**。
  작은 냉장고 안의 음료를 드셨나요? 콜라나 맥주 같은 것 등등이요.

단어 | 提前 tíqián 동 앞당기다 | 确认 quèrèn 동 확인하다 | 注意 zhùyì 동 주의하다 | 交通事故 jiāotōng shìgù 명 교통사고 | 发生 fāshēng 동 발생하다 | 分期付款 fēnqī fùkuǎn 명 분할지급 | 负担 fùdān 명 부담 | 烤肉 kǎoròu 명 불고기 | 冷面 lěngmiàn 명 냉면 | 饮用 yǐnyòng 동 마시다 | 冰箱 bīngxiāng 명 냉장고

활용 정답 1.① 以免发生交通事故 ② 省得下个月的经济负担太大

> **활용** 다음 제시된 단어를 배열하여 알맞은 중국어로 말해 보세요.
>
> ① 吃，我，饼干，喜欢，点心，什么的，冰淇淋
>   저는 간식 먹는 것을 좋아해요, 과자, 아이스크림 같은 것을요.
>   → _____
>
> ② 汉语，外语，你，说，什么的，会，吗，日语
>   당신은 외국어를 할 줄 아시나요? 중국어나 일어 같은 거요.
>   → _____

03 洗手间里的玻璃杯被我弄碎了。

위 예문은 대상이 되는 주어의 주체에 의한 피동을 나타내는 '被자문(피동문)'이다.

> 대상이 되는 주어 + [被 / 给 / 叫 / 让 + 행위의 주체] + 동사 술어 + 기타성분

이때 주어는 특정한 인물이나 사물이어야 하고, 이 중 '被', '给'는 행위자를 알고 있거나 말할 필요 없는 경우 주체를 생략할 수 있다. 조동사나 부정부사는 모두 '被', '给', '叫', '让' 등의 전치사 앞에 위치한다.

- 床单被我孩子弄脏了，要赔偿吗?
  침대 시트가 우리 애 때문에 더럽혀졌어요. 제가 배상해야 하나요?

- 刚才放这里的行李被偷走了，怎么办?
  좀 전에 여기 둔 짐을 도둑 맞았는데, 어떻게 하지요?

단어 饼干 bǐnggān 명 과자 | 点心 diǎnxin 명 간식 | 冰淇淋 bīngqílín 명 아이스크림 | 床单 chuángdān 명 침대 시트 | 脏 zāng 형 더럽다 | 赔偿 péicháng 동 배상하다 | 偷 tōu 동 훔치다

활용 정답 2. ① 我喜欢吃点心，饼干、冰淇淋什么的。② 你会说外语吗? 汉语、日语什么的?

> **활용** 다음의 문장 표현이 맞는지 틀리는지 표시해 보세요.
>
> ① 他叫送到医院去了。　　　　　　　　　　（○ , ×）
> ② 我的车叫弟弟开走了。　　　　　　　　　（○ , ×）
> ③ 对不起，这辆自行车被我儿子坏了。　　　（○ , ×）
> ④ 真好，今天我被老板没批评了。　　　　　（○ , ×）

04 机场巴士快要到了。

'곧 ~하려고 하다'라는 상황이나 동작이 곧 발생한다는 임박을 나타내는 표현이다. '要……了', '快……了', '快要……了', '就要……了' 등이 모두 같은 의미를 나타내는데, 이 중에 '就要……了'만 시간명사와 함께 쓰일 수 있다.

● 能不能快点儿？酒店的班车**快要**开**了**。
   좀 빨리 해주실 수 있나요? 호텔 셔틀이 곧 출발해서요.

● 请结帐吧，出发时间**快**到**了**。 계산해주세요. 출발 시간이 곧 돼서요.

> **활용** 다음 중 맞는 문장을 고르세요. (　　)
>
> ① 我明年快毕业了。　　　② 我明天就要回国了。
> ③ 火车就到了。　　　　　④ 爸爸下周要回国了。

단어 **自行车** zìxíngchē 〈명〉 자전거 ｜ **老板** lǎobǎn 〈명〉 주인. 사장 ｜ **批评** pīpíng 〈동〉 꾸짖다 ｜ **班车** bānchē 〈명〉 정기 운행 차량. 셔틀 차량

활용 정답 3. ① × ② ○ ③ × ④ ×   4. ②

연습문제

01 아래 빈칸에 들어갈 알맞은 표현을 넣어 대화를 완성해 보세요.

> 顾客　　我这里是8203房间，我想_____。
>
> 服务员　请问您在房间里有什么其他_____的吗?
>
> 顾客　　洗手间里的玻璃杯被我_____了。
>
> 服务员　好的，我马上叫人过去查对一下。会有一些_____的，请您见谅。
>
> 顾客　　矿泉水和泡面是免费_____的吧?
>
> 服务员　是免费的。您的房费已_____完，_____其他消费金额还是用信用卡支付吗?
>
> 顾客　　可以用支付宝吗?
>
> 服务员　可以，请扫一下这个_____。这是您的账单，请查阅。
>
> 顾客　　对，没问题。在这里_____就可以了吗?
>
> 服务员　是的。这是给您的_____，请收好。欢迎下次光临，再见!

02 다음 보기를 참조하여 그림과 알맞은 상황을 중국어로 표현해 보세요.

① 보기　正要

② 보기　其他消费

③ 보기　赔偿

④ 보기　二维码

실력 보태기

🎧 15-5

🎵 회화로 배운 내용을 서술문으로 익혀본 후 확인문제를 풀어보세요.

　　当客人离店时要求收取行李，工作人员应问清房号、行李件数和收取行李时间。推行李车的人员尽量在3分钟内到达客人的房间。问候客人后，同客人一起点清件数，检查有无破损，并确认有无遗留物品。帮助客人确认客人已结清账目，帮客人提行李出店上车。若客人不在房间则检查行李牌号及姓名，统计行李件数的实数是否与登记吻合。如果是团队客人的行李，依照团号、团名及房间号码到楼层收取行李。负责接送的服务人员要主动上前向客人打招呼问候并给客人叫车。当候车人多而无车时，应有礼貌地请客人按先后顺序排队乘车。

Check!

위의 서술문과 다음 문장의 내용이 일치하면 O, 일치하지 않으면 X 표시를 하시오.

① 如果客人要求收取行李，推行李车的人员可以在任何方便的时候收取行李。　　　　　　　　　　　　　　　　　　（　）

② 收取行李时不用点清行李的件数，确认行李是否破损等事项。　（　）

③ 收取团队客人的行李时如果客人不在房间，服务人员要检查行李的牌号、姓名，统计行李件数的实数。　　　　　　　　　（　）

④ 负责离店服务的人要主动上前给客人叫车。　　　（　）

□ 离店	lídiàn		체크아웃
□ 收取	shōuqǔ	동	받다. 수납하다. 수취하다
□ 件数	jiànshù	명	개수(round number)
□ 行李车	xínglichē	명	휴대용 (핸드) 카트
□ 尽量	jǐnliàng	부	가능한 한. 되도록
□ 问候	wènhòu	동	안부를 묻다. 문안드리다
□ 点清	diǎnqīng	동	정확하게 조사하다. 정산하다
□ 破损	pòsǔn	명·동	파손(하다. 되다)
□ 遗留	yíliú	동	남겨 놓다. 남기다. 남아 있다
□ 结清	jiéqīng	동	청산하다. 결산하다
□ 账目	zhàngmù	명	(장부상의) 항목. 계산
□ 实数	shíshù	명	실제의 숫자
□ 吻合	wěnhé	동	일치하다. (꼭) 들어맞다
□ 依照	yīzhào	개	~에 의해. ~에 따라
□ 接送	jiēsòng	동	맞이하고 보내다
□ 上前	shàngqián	동	앞으로 나아가다
□ 打招呼	dǎzhāohu	동	(말이나 행동으로) 인사하다
□ 排队	páiduì	동	정렬하다. 줄 서다
□ 牌号	páihào	명	상표. 메이커(maker)

Check! 정답　① X　② X　③ O　④ O

第十五课 退房服务

해석 및 연습문제 모범답안

第一课

실무회화
① 레스토랑 고객 응대
직원: 안녕하세요? 한중국제호텔 레스토랑입니다.
고객: 내일 식사를 예약하고 싶어요.
직원: 언제 이용하고 싶으신가요?
고객: 내일 저녁 6시쯤이요.
직원: 몇 분이신가요?
고객: 저를 포함해서 7명입니다.

② 레스토랑 주문 서비스
직원: 메뉴를 보시면, 한식과 양식 모두 선택 가능합니다.
고객: 저희는 한식을 먹고 싶은데요. 이곳의 특색 있는 요리는 무엇인가요?
직원: 고객님께 이 돌솥비빔밥을 추천해드릴게요.
고객: 보기에는 아주 맛있을 것 같은데요. 이 돌솥비빔밥으로 주문할게요.
직원: 두 분께서는 가리는 음식이 있으신가요?
고객: 없어요. 감사합니다.

연습문제 모범답안
02. ① 您好，这里是韩中国际酒店餐饮部。
    ② 我想预订今天晚上六点的餐桌。
    ③ 请看菜单。
    ④ 韩餐和西餐都可以选。

실력보태기
(직원은) 레스토랑에서 서비스를 할 때, 고객의 요구 사항을 정확하게 이해해야 하고, 고객이 메뉴를 선택할 때 도와주고 메뉴를 추천해야 한다. (메뉴를) 추천할 때에는 식사를 이용하는 고객의 인원수, 시간, 식당의 종류, 입맛, 식사 장소, 소비 등급에 근거하여 해야 한다. 만약 고객이 전화로 식사를 예약할 때에는 식사 시간, 인원수, 룸 및 홀 등에 관한 사항을 정확하게 기록해야 한다.

第二课

실무회화
① 커피숍 고객 응대
직원: 어서 오세요! 몇 분이신가요?
고객: 저희 두 명이에요.
직원: 이쪽으로 오십시오.
고객: 조금 조용한 자리가 있나요?
직원: 카운터 뒤쪽이 비교적 조용합니다. 하지만 조명이 조금 어두운데, 괜찮으신가요?
고객: 괜찮습니다.

② 커피숍 주문 서비스
직원: 두 분은 무엇을 주문하시겠습니까?
고객: 여기에서는 어떤 과일주스가 맛있나요?
직원: 딸기주스와 포도주스 모두 맛있습니다.
고객: 그럼 포도주스로 주세요.
고객: 저는 따뜻한 아메리카노 한 잔과 초콜릿 케이크 한 조각 주세요. 감사합니다.
직원: 알겠습니다. 두 분 잠시만 기다려주세요.

연습문제 모범답안
02. ① 欢迎光临！
    ② 这边请。
    ③ 请问两位要喝点儿什么？
    ④ 葡萄汁不错。/ 葡萄汁好喝。

실력보태기
고객에게 좌석을 배정할 때에는, 일반적인 상황에서는 고객이 커피숍에 들어올 때부터 그들에게 관심을 가지고 관찰하기를 시작해야 하고, 각각의 고객, 각각의 상황에 따라 자리를 안배해야 한다. 직원은 또한 고객의 의견에 따라 고객으로 하여금 그들이 좋아하는 좌석을 선택하도록 해야 한다. 뜨거운 차를 마시는 고객에게는 신속하게 뜨거운 물을 추가해주어야 하고, 차가운 음료를 서비스할 때는 고객이 얼음을 추가하고자 하는지의 여부를 고객에게 물어볼 필요가 있다.

第三课

실무회화
① 바에서의 고객 응대
직원: 안녕하세요? 실례지만 예약하셨나요?
고객: 네. 저는 김미영입니다. 어제 전화로 예약했습니다.
직원: 총 두 분, 맞으신가요?
고객: 잠시 후에 두 사람이 더 올 거예요.
직원: 그렇다면 이쪽에 앉으시는 게 더 적절하겠네요. 네 분이 바에 앉으면 대화하시기 불편할 수 있습니다.
고객: 좋은 생각이네요!

② 바 주문 서비스
고객: 저기요!(직원!) 와인 있나요?
직원: 고객님께서 말씀하시는 것은 레드 와인인가요, 아니면 화이트 와인인가요?
고객: 레드 와인이요. 이 레드 와인은 달콤한 유형인가요?
직원: 약간 달콤합니다.
고객: 그래요? 그럼 칵테일은 어떤 종류가 있나요?
직원: 만약 달콤한 유형을 좋아하신다면, 모히토와 마르가리타 모두 괜찮습니다.

연습문제 모범답안
02. ① 请问，你们预定了吗?
② 红葡萄酒还是白葡萄酒?
③ 稍微有点儿甜。
④ 莫吉托和玛格丽特都很不错。

실력보태기
직원은 제조된 음료를 쟁반을 이용하여 되도록 빨리 고객에게 가져다주어야 한다. 고객에게 주류를 가져다주는 과정 중에 직원은 반드시 주의해서 가볍게 들고 가볍게 놓아야 하며, 음료는 고객의 오른손 옆에 놓아야 한다. 직원은 또한 '숙녀 우선, 손님 먼저, 주인 나중'의 서비스 규칙을 확실히 기억해 두어야 한다.

第四课

실무회화
① 객실 가격
고객: 여보세요, 안녕하세요? 객실을 예약하고 싶은데요.
직원: 안녕하세요? 고객님. 언제 숙박할 계획이신가요?
고객: 다음 주 화요일부터 3일 동안 머무를 계획이에요. 1일 숙박 요금은 얼마인가요?
직원: 저희 호텔은 지금 행사를 진행하고 있어서 스탠더드룸은 20%, 비즈니스룸은 30% 할인 중입니다.
고객: 스탠더드룸 가격은 공식사이트에 있는 가격인가요?
직원: 네, 그렇습니다.

② 객실 유형
고객: 스탠더드룸은 큰 침대인가요?
직원: 스탠더드룸에는 두 종류가 있습니다. 하나는 싱글침대 2개가 있는 객실이고, 다른 하나는 더블침대 1개가 있는 객실입니다. 어떤 객실을 원하시나요?
고객: 비즈니스룸의 형태는 어떤가요?
직원: 비즈니스룸은 방이 크기도 하고 설비도 많습니다.
고객: 비즈니스룸 하나로 예약해주세요.
직원: 저에게 고객님의 성함과 연락처를 알려주세요.

연습문제 모범답안
02. ① 您打算什么时候入住?
② 一天的房价是多少?
③ 房型是什么样的?
④ 请告诉我您的姓名和联系方式。

실력보태기
싱글룸은 싱글베드 1개가 있는 방을 가리킨다. 더블룸은 스탠더드룸이라고도 부르는데, 표준 싱글베드 2개가 있는 룸으로, 가장 보편적인 객실 유형이다. 비즈니스룸은 스탠더드룸에 비해 면적이 조금 넓기도 하고, 일반적으로 티테이블과 소파가 있기도 하다. 스위트룸은 고급 객실이라고도 불리는데, 객실의 인테리어와 시설 등급, 가격이 스탠더드룸에 비하여 조금 비싸다.

第五课

실무회화
① 전화 예약 변경과 취소 업무
고객: 여보세요, 안녕하세요? 제가 어제 방 두 개를 예약했는데, 지금 하나를 취소하고 싶어요.
직원: 고객님을 모시게 되어서 정말 기쁩니다. 실례지만 성함이 어떻게 되시나요?
고객: 저는 박한일입니다. 한국의 한, 숫자 1, 2, 3의 1입니다.
직원: 고객님께서 예약하신 방은 10월 4일부터 10월 12일까지의 스탠더드룸 1개와 비즈니스룸 1개입니다. 어떤 방을 취소하시겠습니까?
고객: 비즈니스룸을 취소하겠습니다. 수속비가 있나요?
직원: 체크인 날짜까지 아직 기간이 있어서 어떤 수속비도 없습니다.

② 프런트데스크 객실 예약 변경과 취소 업무
고객: 안녕하세요? 저는 602호에 숙박하고 있는데, 숙박기간을 이틀 연장하고 싶어요.
직원: 잠시만 기다려주세요, 고객님. 제가 한번 확인해 보겠습니다. 지금 룸 카드를 가지고 계신가요?
고객: 네, 여기 있습니다.
직원: 감사합니다. 고객님께선 이틀 연장하시고 글피인 13일에 체크아웃하시는 것 맞으시죠?
고객: 네, 맞습니다. 이 신용카드로 결제해주세요.
직원: 이틀 연장해드렸습니다. 여기 고객님의 룸카드와 영수증입니다. 받으세요.
고객: 네, 감사합니다.

연습문제 모범답안
02. ① 您订的是7月1号到7月3号的房间。
② 取消房间有手续费。
③ 我想延期住宿时间。
④ 这是您的房卡和收据。

실력보태기
호텔의 예약 담당직원은 다음의 방식에 따라 객실 예약 변경과 취소 업무를 진행해야 한다. 만약 (고객이) 전화로 취소를 하는 경우에는, 예약 담당직원은 반드시 예약을 취소하는 고객의 성명, 연락 가능한 전화와 주소를 기록해 두어야 한다. 이 밖에, 예약 담당직원은 고객에게 예약을 취소할 때에 발생할 수 있는 수속비에 대해 상세하게 설명해야 한다.

해석 및 연습문제 모범답안

第六课

실무회화

① 프런트데스크 업무 서비스

고객: 안녕하세요? 호텔에 대해 저에게 간단히 좀 소개해주실 수 있으신가요?
직원: 먼저 1층에서 3층에는 각각 레스토랑, 카페, 바와 연회장이 있고, 4층에서 5층은 피트니스 센터로 각각 헬스클럽, 사우나 등의 시설이 있습니다.
고객: 호텔에서 공항까지 대략 어느 정도 시간이 소요되나요?
직원: 차가 막히지 않는 상황에서 40분이 걸립니다.
고객: 호텔에 픽업 서비스가 있나요?
직원: 공항버스가 두 시간 간격으로 1번 운행되는데, 무료입니다. 그 외에 호텔 전용 차량이 수시로 출발하는데, 하지만 유료입니다.

② 호텔 주변 관광지 소개

고객: 호텔 주변에 관광할 만한 곳이 있나요?
직원: 경복궁, 광화문, 남산타워 등이 저희 호텔에서 그다지 멀지 않습니다.
고객: 남대문에 택시를 타고 가면 대략 어느 정도 시간이 소요되나요?
직원: 20분 정도입니다.
고객: 물건을 구입하려고 할 땐 어느 곳에 가는 것이 비교적 적합한가요?
직원: 한국의 전통시장을 구경하려면, 광장시장과 남대문시장 모두 괜찮은데, 그곳에 가서 구경하면 먹으면서 쇼핑할 수 있어요.
고객: 공연 같은 것을 보려면 어디로 가야 하나요?
직원: 명동과 동대문에서 때때로 행사를 해서, 그곳에 가서 볼 수 있습니다.

연습문제 모범답안

02. ① 能简单地给我介绍一下你们酒店吗?
② 从酒店到机场大概需要多长时间?
③ 接机大巴每隔两个小时运行一次。
④ 酒店周围有可以观光的地方吗?

실력보태기

프런트데스크 업무 담당직원은 예의를 갖춰 모든 고객을 접대해야 한다. 일반적으로 고객을 위하여 질의 응답, 메모 전달, 업무 대행 등 각종 서비스를 제공할 수 있어야 하고, 신속하고 정확하게 고객에게 만족스러운 답변을 할 수 있어야 한다. 능숙하게 외국어로 외빈의 질문에 답변할 수 있어야 하고, 외국어로 주요 교통, 관광 명소, 호텔 서비스 시설 및 서비스 시간 등에 대해 소개할 수 있어야 한다.

第七课

실무회화

① 선물 판매

직원: 어서 오세요! 들어오세요! 무엇을 도와드릴까요?
고객: 저는 한국 전통선물을 사고 싶은데요.
직원: 선물하실 건가요, 아니면 직접 사용하실 건가요?
고객: 외국 친구에게 생일선물을 하고 싶어서요.
직원: 이 보석함은 어떠세요?
고객: 이거 손으로 직접 만든 건가요?
직원: 이 보석함은 천연 자개로 만든 수공예품으로, 외국인에게 매우 인기가 있어요.
고객: 죄송하지만 남자에게 선물하기 적합한 것으로 다시 추천해주세요.

② 화장품 판매

직원: 안녕하세요? 무엇을 도와드릴까요?
고객: 제 피부가 조금 건조해서요. 저에게 수분크림을 추천해주실 수 있나요?
직원: 이 수분크림은 보습도 되고 주름도 예방할 수 있습니다. 꺼내서 테스트해보실 수 있습니다.
고객: 매우 촉촉하고 촉감도 좋네요. 이거로 주세요. 이 마사지 팩이 좋아 보이네요.
직원: 이 상품은 저희 매장에서 아주 잘 팔리는 상품입니다. 피부에 미백과 보습 등의 좋은 효과가 있습니다.
고객: 10장에 한 세트, 맞지요? 3세트 주세요.
직원: 좋아요. 이쪽으로 오셔서 결제해주세요. 이곳에 서명 부탁합니다.

연습문제 모범답안

02. ① 您是送礼, 还是自己用呢?
② 很受外国人的欢迎。
③ 既能保湿, 又能防皱。
④ 麻烦您请在这里签字。

실력보태기

판매원은 말할 때 예의를 갖추고 세심하게 해야 한다. 고객을 구별하여 고객의 풍속과 습관에 주의해야 하고, 고객의 질문에 대해서는 반드시 답변을 해야 한다. 고객과 말다툼을 해서는 안 되고, 오해를 불러일으키거나 좋지 않은 영향을 주지 않도록 해야 한다. 상품 판매 후에는, 필요에 따라 고객에게 각종 애프터서비스를 제공하여 서비스의 질을 향상시키고 판매 수준을 유지할 수 있도록 해야 한다.

第八课

실무회화
① 사우나 서비스 업무
직원: 안녕하세요? 현재 저희 호텔에 숙박하고 계신가요?
고객: 네, 어제 막 투숙했어요.
직원: 저희 호텔에 투숙하시는 고객이기만 하면 사우나를 무료로 즐기실 수 있습니다. 실례지만 객실 번호가 어떻게 되시나요?
고객: 602호입니다.
직원: 객실 카드키를 좀 보여주십시오. 됐습니다. 찜질복과 수건입니다.
고객: 안에 샤워실이 있나요?
직원: 네, 있습니다. 샤워실 내부에는 칫솔 치약뿐만 아니라, 또한 샴푸와 보디클렌저 등 목욕용품도 있는데, 모두 무료입니다.
고객: 오, 감사합니다.

② 헬스클럽 서비스 업무
고객: 안녕하세요? 헬스클럽 카드를 만들고 싶은데, 지금 바로 만들 수 있나요?
직원: 실례지만 현재 저희 호텔에 투숙하고 계신가요?
고객: 지금은 투숙하고 있지 않지만 이전에 투숙한 적이 있습니다.
직원: 바로 회원카드를 발급해드릴 수 있습니다. 먼저 이 회원신청서를 기입해주시면, 바로 운동하실 수 있습니다.
고객: 운동복을 빌릴 수 있나요?
직원: 가능합니다. 이것은 저희 헬스클럽에서 고객에게 제공하는 대여 상품 목록 및 가격표입니다.
고객: 개인 물품 보관함이 있나요?
직원: 네, 탈의실 옆에 있습니다. 샤워실은 탈의실 안쪽에 있습니다.

연습문제 모범답안
02. ① 只要是我们酒店住宿的顾客，就可以免费享受桑拿。
　　② 这是您的汗蒸服和浴巾。
　　③ 请先填好这张会员申请表。
　　④ 淋浴室在更衣室的内侧。

실력보태기
찜질방과 헬스클럽의 서비스데스크 담당직원은 고객에게 회원카드를 발급할 때 고객에게 호텔에서 제공하는 물품, 예를 들면 운동복, 수건, 목욕용품 등과 같은 것을 빌릴 것인지 아닌지 물어보아야 한다. 처음 방문한 고객을 위해 탈의실의 위치를 알려주고, 고객이 그 장소로 들어갈 수 있도록 안내해주어야 하며, 적극적으로 고객에게 각종 시설과 그 사용방법을 소개해야 한다.

第九课

실무회화
① 객실 배정
직원: 안녕하세요? 박 선생님. 이번에는 얼마 동안 묵으실 건가요?
고객: 현재로선 일주일 묵을 예정인데, 그때 가서 며칠 더 연장할 수도 있어요.
직원: 늘 묵으시던 그 비즈니스룸은 이미 만실이고, 지금은 스탠더드룸과 스위트룸만 남아 있어요.
고객: 전 거실과 침실이 분리되어 있는 방이 필요해요. 업무 협의를 할 수 있는 전용방이 있으면 좋겠습니다.
직원: 지금 고객님이 묵으시기에 적합한 스위트룸이 하나 있습니다. 시내 경관도 감상하실 수 있어요. 다만 방이 복도 끝에 있어요.
고객: 그런 건 상관없어요.
직원: 저기에 잠시만 앉아 계시면 제가 체크인 수속을 해드리겠습니다.
고객: 죄송하지만, 가능한 한 빨리 좀 해주세요.
직원: 알겠습니다. 여권과 신용카드를 주세요. 체크인 수속을 마친 후 바로 돌려드리겠습니다.

② 고객 특별 요청 서비스
고객: 안녕하세요? 저는 602호에 묵는 투숙객인데요. 제 방이 흡연구역에서 너무 가까워서요. 방을 바꿔주실 수 있을까요?
직원: 불편을 드려서 죄송합니다. 제가 빈 객실이 있는지 먼저 확인해 보겠습니다. 객실 하나가 손님이 지금 묵으시는 객실과 같은 형태인데, 여기로 바꿔드릴게요.
고객: 좋습니다! 침대를 하나 더 넣어주실 수 있나요?
직원: 어떤 침대의 추가를 원하시나요? 싱글 침대인가요, 아니면 유아용 침대인가요?
고객: 유아용 침대요. 침대 추가는 별도로 비용을 받나요?
직원: 저희 호텔은 무료로 침대 추가 서비스를 해드립니다. 언제 침대를 갖다드리는 게 편하신가요?
고객: 저희 가족이 내일 오후 3시쯤 호텔에 오니까, 그전에 올려주시면 됩니다.
직원: 알겠습니다. 그러면 내일 오전 객실 정리할 때 준비해놓겠습니다.

연습문제 모범답안
02. ① 我需要客厅和卧室分开的房间。
　　② 我的房间离吸烟区太近了。
　　③ 不好意思给您带来不便。
　　④ 我们酒店会免费提供加床服务。

실력보태기

프런트데스크 직원은 먼저 고객에게 객실 예약을 했는지의 여부를 확인해야 한다. 만약 손님이 예약을 하지 않았는데 빈 객실이 있는 상황이라면 손님의 숙박 관련 요구를 가능한 한 만족시키도록 해야 하고, 손님에게 객실의 종류, 가격을 명확하게 설명해야 한다. (또한) 체크인할 때 직원은 반드시 손님의 신분증과 여권, 비자 등을 꼼꼼히 확인해야 한다. 손님의 필요에 적합한 객실을 제공한 후에는 재차 객실 금액, 체크아웃 날짜 등을 손님과 확인해야 하고, 결제 후에는 객실 카드와 영수증을 고객에게 줘야 한다. 손님의 침대 추가나 객실 변동 등의 요구를 받았을 때에는 프런트 직원과 연락한 후 수속을 진행하고, 고객을 객실까지 안내한 후에는 (내부) 설비나 서비스 항목, 투숙 시 주의 사항 등에 대해 소개해야 한다.

第十课

실무회화

① 인터넷 예약 고객 체크인

고객: 제 이름은 왕리입니다. 이틀 전에 인터넷으로 객실 하나를 예약했어요.
직원: 잠시만 기다려주십시오. 바로 조회해 보겠습니다. 객실을 본인의 이름으로 예약하셨나요? 시스템에서는 '왕리'라는 이름을 찾을 수가 없습니다.
고객: 아니에요. 제 친구가 예약을 도와줬어요.
직원: 그러면 번거로우시겠지만 그 친구분의 휴대전화 번호를 알려주시겠습니까?
고객: 저한테 아마 명함이 있을 거예요. 제가 찾아보겠습니다. 여기 있네요!
직원: 찾았습니다. 9월 1일부터 3일까지의 비즈니스룸 하나를 예약하셨네요. 숙박료는 이미 지불하셨습니다. 여권을 좀 보여주십시오.
고객: 여기 있습니다.
직원: 객실 카드와 조식 식권입니다. 조식 이용 시간은 아침 7시부터 9시 30분까지입니다. 여기에 서명해주십시오.
고객: 호텔 와이파이가 이건가요?
직원: 맨 위에 호텔 명칭인 그것이 바로 저희 와이파이입니다. 비밀번호는 영문 G-H, 숫자 1부터 7까지입니다.

② 단체 고객 체크인

고객: 안녕하세요? 저희는 방 5개를 예약했는데요.
직원: 안녕하세요? 실례지만 고객님의 성함으로 예약하셨나요?
고객: 네, 제 이름은 쉬민이라고 합니다.
직원: 저에게 고객님의 영문 이름 전체를 알려주세요.
고객: X-U-M-I-N. 제가 예약한 방은 오후 4시에 체크인이 맞죠?
직원: 맞습니다, 쉬 여사님. 고객님의 여권과 다른 숙박 고객의 여권을 좀 주세요.
고객: 여기 있습니다. 먼저 저희 짐을 여기에 보관할 수 있나요? 체크인 시간까지 꽤 시간이 남아서 호텔 주변을 좀 구경하고 싶어요.
직원: 캐리어는 총 몇 개인가요?
고객: 제가 한번 볼게요. 9개네요. 아마도 저희가 좀 늦을 거예요. 시간이 되거든 짐을 제 방으로 보내주실 수 있나요?
직원: 걱정하지 마세요. 저희가 짐을 객실로 보내드리겠습니다. 객실 카드와 짐 보관증입니다. 받으십시오.

연습문제 모범답안

02. ① 房间是用您本人的姓名预订的吗?
② 这是您的房卡和早餐券。
③ 请告诉我您英文名字的全称。
④ 我们会把行李送到您的房间。

실력보태기

고객이 프런트데스크를 향해 걸어오면, 바로 일어나서 미소를 지으며 적극적으로 다정하게 인사해야 한다. 고객에게 예약 여부를 물어본 후에 고객의 성명이나 예약자의 성명 및 회사를 물어보고, 고객과 함께 예약할 때 남겼던 전화번호나 기타 예약 정보를 대조하여, 고객의 예약 당시 요구 사항을 다시 확인하고, 최종 확인을 받아야 한다. 단체 체크인은 사전에 미리 인솔자에게 단체 명단 및 단체 고객의 신분증 사본을 요청하여, 체크인 당일에 발생할 수도 있는 혼란을 미연에 방지해야 한다. 체크인 전에 반드시 사전에 객실을 배정하고, 단체 예약 자료에 근거하여 모든 객실 카드를 준비해서 일체를 함께 보관했다가 인솔자에게 발급해야 한다.

第十一课

실무회화

① 객실 서비스 전화 응대

직원: 안녕하세요? 객실 서비스 센터입니다. 서비스를 하게 되어 매우 기쁩니다!
고객: 욕실을 좀 정리해주실 수 있으신가요? 객실에 손님이 몇 분 오셨었는데, 욕실이 좀 지저분해졌어요.
직원: 알겠습니다. 그밖에 또 필요하신 것이 있으신가요?
고객: 멀티콘센트있나요?
직원: 죄송합니다. 지금 멀티컨버터만 한 개 남아있습니다.
고객: 그것도 괜찮아요. 객실로 보내주실 수 있나요? 오실 때 죄송하지만 1회용 칫솔과 수건도 좀 가져다주세요.
직원: 알겠습니다. 바로 보내드리겠습니다. 실례지만, 내일 계속해서 묵으시지요? 내일은 언제쯤 방을 청소해드리면 괜찮을까요?
고객: 아직은 불확실합니다.

직원: 알겠습니다. 필요하시면 그때 객실부로 연락주세요.
고객: 제가 필요할 때 방문 앞에 '바로 청소해주세요' 팻말을 걸어놓겠습니다.

② 고객 불만 응대

고객: 여기 801호인데요. 텔레비전을 한참 동안 만지작거렸는데 어떻게 해도 켜지지가 않아요!
직원: 텔레비전 전원과 셋톱박스 전원 두 개 모두 켜셨나요?
고객: 셋톱박스 전원이요?
직원: 네, 리모컨 오른쪽 상단 구석의 빨간색 버튼을 눌러주세요.
고객: 아! 지금 되네요! 감사합니다!
직원: 천만에요. 그밖에 다른 도움이 필요하신 것이 있나요?
고객: 또 객실 에어컨이 고장 난 것 같아요.
직원: 고객님께서 말씀하시는 것이 에어컨 리모컨인가요? 아니면 벽에 있는 에어컨 스위치인가요?
고객: 리모컨이요. 온도 낮추기 조절 비튼을 눌러보았지만, 객실 온도가 낮아지지 않을 뿐만 아니라 오히려 올라가요.
직원: 이러한 불편을 끼쳐드려서 죄송합니다. 제가 즉시 객실 서비스팀에 통지하겠습니다.

연습문제 모범답안

02. ① 什么时间为您打扫房间好呢？
    ② 请按一下遥控器左上角的红色按钮。
    ③ 房间温度不但没下降，反而上升了。
    ④ 我会立即通知客房服务部的。

실력보태기

어떻게 호텔 고객의 불평을 처리해야 하는가? 먼저 인내심을 가지고 고객의 원망에 대해 경청해야 하며, 절대로 경솔하게 고객의 불평을 중단시키지 말아야 한다. 고객이 불평을 다 털어놓을 수 있도록 격려하고, 고객에게 적당한 이해와 동의를 표시해야 한다. 고객의 옳고 그름 여부를 막론하고, 적극적이고 차분한 태도로 고객의 불평을 들어주어야 한다. 언어에 예의를 갖춰야 하고, 고객과 말다툼을 하지 말아야 한다. 가장 중요한 것은 고객의 불만을 경청하는 동시에 꼼꼼히 기록해야 하고, 고객의 불평에 귀 기울이고 있다는 것을 나타내야 한다. 만약 고객 불평의 목적이 보상이라면, 담당직원은 본인의 권한과 능력에 따라 고객에게 보상을 진행해야 한다. 만약 이러한 권한이 없다면, 상급 관리자에게 보고를 해야 한다.

第十二课

실무회화
① 룸서비스 예약 받기

고객: 안녕하세요? 여기는 602호인데요. 실례지만, 호텔 조찬 시간은 몇 시까지인가요?
직원: 죄송합니다. 손님! 호텔의 조찬 시간이 이미 지났습니다. 만약 객실 안에서 식사를 하시려면 별도의 비용이 듭니다.
고객: 내야 하면 내야지요! 방법이 없네요. 제가 오늘 조찬 시간을 지나친 거니까요.
직원: 무엇을 주문하시겠습니까? 객실 내에 있는 메뉴판을 참고하시면 됩니다.
고객: 음, 지금 보고 있는데요. 커피 한 잔과 베이컨, 달걀 프라이 두 개, 또 모듬 과일이요.
직원: 커피는 따뜻한 아메리카노인가요?
고객: 따뜻한 밀크커피요.
직원: 달걀 프라이는 완숙인가요?
고객: 70% 정도 익히시면 됩니다. 또 한 쪽만 익혀주시면 돼요. 양쪽 다 익히지 마시고요.
직원: 알겠습니다. 주문해주셔서 감사합니다.

② 음식 추천하기

직원: 안녕하세요? 룸서비스입니다. 필요하신 게 있으신가요?
고객: 룸서비스 종류가 모두 어떤 게 있나요?
직원: 지금 시간에는 서양식 조찬만 있습니다.
고객: 빵 종류는 모두 어떤 게 있죠?
직원: 샌드위치하고 토스트가 있습니다. 세트로 시키시는 것도 괜찮은데, 어떠세요? 세트가 단품보다 더 낫습니다.
고객: 세트요? 샌드위치와 과일, 커피가 있으면 좋겠어요.
직원: A세트로 주문하시면 햄과 달걀 프라이가 제공되고, 과일도 제철 과일인데, 특히 딸기가 아주 신선합니다.
고객: 대략 얼마나 걸릴까요?
직원: 적어도 20분 정도 걸립니다. 식사 비용은 직접 현금으로 계산하시나요, 아니면 (객실) 명세서에 적어놓을까요?
고객: 계산은 체크아웃할 때 하겠습니다!

연습문제 모범답안

02. ① 收费就收费吧！没办法。
    ② 现在这个时间只有西式早餐。
    ③ 您不妨点一个套餐怎么样？
    ④ 少说也有二十分钟。

해석 및 연습문제 모범답안

실력보태기
식사 예약 전화를 받으면 전화벨이 3번 울리기 전에 전화를 받아야 한다. 주문을 받을 때는 손님이 주문하는 음식을 꼼꼼히 경청해야 하며, 주문 고객이 많을 때에는 손님에게 죄송하다고 말하고 좀 기다려줄 것을 요청해야 한다. (또한) 식사 주문 고객의 성함, 객실 번호, 주문한 음식의 명칭, 사람 수, 식사 시간 등의 사항을 정확하게 기록해야 한다. 손님이 객실 직원에게 주문을 하든, 전화로 F&B 부서로 주문을 하든, 손님에게 어떤 음식과 음료를 주문하는지, 조리 시에 다른 요구는 없는지 등을 명확하게 물어서 동일한 음식이 조리 방식의 차이로 손님의 불만을 야기하는 일이 없도록 해야 한다. 주문을 다한 후에는 손님의 (주문 사항을) 다시 한 번 반복하여 말하고, 특별한 요구 사항이 없는지 재차 확인해야 한다. 룸서비스 시 조미료 등을 함께 잘 챙겨 음식, 음료와 함께 객실까지 제공해드려야 한다.

연습문제 모범답안
02. ① 请出示一下您的护照。
　　② 不能携带酒水饮料。
　　③ 请将贵重物品妥善保管好。
　　④ 请您参考娱乐场利用指南。

실력보태기
카지노 직원은 적극적으로 내부의 설비와 게임에 대한 소개를 진행해야 한다. 고객이 게임을 선택한 후에는 고객에게 문의에 대한 안내 서비스를 정확하고 빠르게 제공해야 한다. 고객이 게임을 하는 동안 직원은 계속해서 고객을 관찰하여 고객이 어떤 요구가 있는지 살펴야 하며, 처음 오는 손님이나 단골 고객이 새로운 게임을 하게 되었을 때에 직원은 시범을 보이는 동시에 고객에게 주의 사항 등을 설명해야 한다. 게임 기록을 경신한 고객에게는 축하를 해야 하며 규정에 따라 상품을 배포해야 한다. (또한) 고객이 휴식을 취할 때는 재빨리 고객에게 타월이나 주류 및 음료 서비스를 제공해야 하며, 게임 설비를 규정에 어긋나게 사용하거나 도박을 하는 사람, 위조 칩을 사용하는 고객에게는 즉시 제재를 가해야 한다.

第十三课

실무회화
① 카지노 출입 관리
직원: 죄송합니다. 청소년은 카지노 입장이 안 됩니다.
고객: 전 청소년이 아닌데요. 성인이에요!
직원: 여권 좀 제시해주십시오. 죄송합니다. 젊어 보이시네요.
고객: 칭찬 감사합니다. 그럼 지금 들어가도 되지요?
직원: 죄송합니다만, 카지노 규정 상 입장하실 때 술이나 음료는 어떤 것도 휴대하실 수가 없습니다.
고객: 생수도 안 되나요?
직원: 죄송합니다. 규정에 따르면 안 됩니다. 카지노 안에 무료로 제공되는 음료를 이용하시면 됩니다.
고객: 방법이 없으니 버려야겠네요.
직원: 귀중품은 잘 보관하시고요. 협조해주셔서 감사합니다!

② 카지노 고객 관리
직원: 안녕하세요? 이건 저희 카지노의 이용 안내서인데, 참고하십시오.
고객: 저는 처음으로 카지노에 왔는데, 게임하는 방법을 설명해주는 전담 직원이 있으신가요?
직원: 데스크 옆에 고객 서비스 센터가 있습니다. 거기에서 고객님께 설명을 해드릴 겁니다.
고객: 안에 휴게실이 있다고 들었는데, 아무리 찾아도 못 찾겠어요.
직원: 홀 안쪽으로 가시다가 우측으로 돌아가시면 됩니다. 옆에 미니바도 있는데, 음료나 간식 등이 골고루 갖추어져 있습니다.
고객: 테이블에서 하는 게임 외에 다른 게임이 있을까요?
직원: 룰렛 게임, 블랙잭, 바카라, 카리브해 포커, 슬롯머신 등 최신 게임 설비가 갖추어져 있습니다.

第十四课

실무회화
① 비즈니스 센터 고객 응대
고객: 안녕하세요? 회의실의 팩스가 어째서 안 보내질까요?
직원: 국제 팩스를 보내려고 하시나요, 아니면 국내 팩스인가요?
고객: 국내 팩스예요.
직원: 외부로 전화를 거실 때는 먼저 9번을 누르시고, 그런 다음 다시 전화번호를 누르세요.
고객: 그럼 좀 있다가 다시 해볼게요. 제가 자료 한 부를 출력하려고 하는데, 어디로 올라가서 해야 할까요?
직원: 옆에 '행정 사무실' 안에 복사기와 프린터가 있어요.
고객: 부산으로 보내야 할 샘플이 있는데, 근처에 우체국이 있나요?
직원: 특급 우편(택배)으로 보내실 거라면 제가 특급 우편 회사 전화번호를 알려드릴게요. 그럼 그 사람들이 와서 물건을 가져가게 하시면 됩니다.

② 회의실 규격 소개
고객: 말씀 좀 여쭙겠는데요. 호텔 회의실의 규모나 스타일이 어떤가요?
직원: 저희 호텔에는 모두 8개의 회의실이 있습니다. 가장 큰 회의실은 120여 명을 수용할 수 있습니다.
고객: 회의실에는 어떤 것들이 갖추어져 있죠?

직원: 마이크, 대형 스크린, 그리고 무선 인터넷, 노트북이 있습니다. 저희 호텔은 또한 중, 한, 일 통역 서비스를 제공하고 있습니다.
고객: 너무 좋네요. 그 정도면 충분합니다. 통역사는 필요 없습니다. 회의실 금액은 얼마죠?
직원: 저희 호텔이 마침 이벤트를 진행하고 있어서 가격에 관해서는 제가 잠시 후에 영업부 부장에게 연락드리라고 할 테니 그때 상담하시면 됩니다. 괜찮으신지요?
고객: 좋습니다.
직원: 회사 이름과 연락처를 남겨주시겠어요?
고객: 국제 무역회사이고, 전화는 123-456-78입니다.

연습문제 모범답안
02. ① 拨打外线电话时请先摁"9"号。
② 会议室的规模和形式如何?
③ 该会议室最多可以容纳120多人。
④ 稍后会通知我们的销售部经理的。

실력보태기
투숙 고객의 회의실 예약을 받으면 성명, 객실 번호를 분명하게 묻고, 손님에게 금액을 설명해야 하며, 외부 고객이 전화로 회의실을 예약할 때는 반드시 손님의 성명과 전화번호를 남겨야 한다. 차나 커피 등의 마실 것과 간식 등이 필요하지 않은지 프로젝터나 비디오 리코더, 사진 확대기 등의 필요 여부를 물어야 한다. 만약 손님이 프린터만 필요하다고 하면 프린터기 번호를 고객에게 알려야 한다. 회의실 사용한 시간 전에는 회의실 배치 규격이나 용품의 배치를 체크하고, 손님에게 깨끗하고 편안한 회의 환경을 제공할 수 있도록 확실히 점검해야 한다. 손님이 비서나 통역사 서비스를 제시하면 먼저 관련 분야와 언어의 종류 등 구체적인 요구사항을 확인하고 손님에게 금액을 알려야 한다. 비서 서비스를 제공하는 경우는 손님의 비서 업무에 대한 요구나 시간 배정, 주의 사항, 비서 업무에 필요한 문구 용품 리스트 등을 묻고, (회의나 행사를) 모두 마친 후에는 적극적으로 손님의 의견을 구해야 한다.

第十五课

실무회화
① 체크아웃 요청
고객: 여기는 8203호인데, 체크아웃하려고 합니다.
직원: 네, 고객님. 언제 정산하실 건가요?
고객: 지금 내려가서 정산하려고 하는데, 시간을 좀 아끼게 먼저 체크아웃 수속 좀 해주세요.
직원: 객실 내에서 예를 들어 미니바나 기타 생활용품 등 소비하신 게 있으신가요?
고객: 생수 한 병과 라면 하나요. 생수와 라면은 무료 제공이지요?

직원: 무료입니다. 저희가 짐을 내려드릴까요?
고객: 오, 잘됐네요. 감사합니다! 그리고 화장실 안의 유리컵을 제가 깨뜨렸는데요.
직원: 알겠습니다. 곧 직원을 보내서 점검하도록 하겠습니다. 배상하셔야 할 수도 있으니 양해해주시기 바랍니다.

② 체크아웃 서비스
고객: 602호 체크아웃이요. 여기 방 카드입니다.
직원: 잠시만 기다리세요. 룸서비스와 세탁 서비스를 받으셨네요. 제가 곧 금액을 확인해 보겠습니다.
고객: 빨리 좀 부탁드릴게요. 그렇지 않으면 비행기를 놓칠 것 같아서요.
직원: 택시를 불러드릴까요?
고객: 아니요, 공항버스가 곧 올 거예요.
직원: 숙박 비용은 다 결제되었습니다. 기타 소비 금액도 신용카드로 지불하실 건가요?
고객: 알리페이로 할 수 있지요?
직원: 가능합니다. QR코드를 스캔하세요. 여기 정산서입니다. 확인해 보세요.
고객: 맞네요. 문제 없어요. 여기에 사인하면 되지요?
직원: 네, 이건 영수증입니다. 잘 챙기세요. 다음 방문을 환영합니다. 안녕히 가세요!

연습문제 모범답안
02. ① 我正要下去结账。
② 请问您在房间里有什么其他消费的吗?
③ 会有一些赔偿的。
④ 请扫一下这个二维码。

실력보태기
고객이 체크아웃할 때 짐을 옮겨 줄 것을 요구하면 직원은 객실 번호, 짐 개수, 짐 수거 시간을 명확히 물어보아야 한다. 짐 카트를 운반하는 직원은 가능한 한 3분 내에 손님의 객실에 도착해야 하고, 손님에게 인사한 후 손님과 함께 짐의 개수를 조사하고 파손 여부를 확인하여 유실 물품은 없는지 확인해야 한다. (또한) 고객을 도와 고객이 이미 지불한 금액을 확인하고 짐을 들고 호텔을 나와 승차하는 것을 돕는다. 만약에 고객이 객실 내에 없으면 짐 번호표와 성명을 확인하고, 짐의 실제 수량이 등록된 것과 맞는지 점검한다. (또한) 단체 고객의 짐이라면 단체의 번호, 단체명, 객실 호수에 따라 해당 층에 가서 짐을 받는다. 고객 배웅 업무를 담당하는 직원은 적극적으로 나서서 고객에게 인사하고, 차를 부른다. 차를 기다리는 사람은 많고 차가 없을 경우에는 고객에게 순서에 따라 줄을 서서 승차할 것을 정중하게 요청한다.

memo

memo

memo